獻給 Joel Adam

以及他的父母 Laura 和 Adam。

靈修著作精選

禱告不是偽術

返璞歸真的祈禱

侯活士 著
禤智偉 譯

基道出版社

▼

靈修著作精選

禱告不是偽術

返璞歸真的祈禱

Prayers Plainly Spoken

作者
侯活士 Stanley Hauerwas

譯者
稠智偉

責任編輯
余雪

裝幀設計
奇文雲海 · 設計顧問

■

出版 / 發行
基道出版社
香港沙田火炭坳背灣街 26 號富騰工業中心 1011 室
LOGOS PUBLISHERS
Unit 1011, Fo Tan Ind. Centre, 26 Au Pui Wan St., Shatin, Hong Kong
電話：(852) 2687-0331　傳真：(852) 2687-0281
網址：http://www.logos.com.hk

承印
陽光印刷製本廠

●

3/2015 初版
Cat. No. LP654
ISBN: 978-962-457-496-8

刷次	10	9	8	7	6	5	4	3	2
年份	2024	2023	2022	2021	2020	2019	2018	2017	2016

前言：透過祈禱做神學

鄧紹光

當代英國神學家根頓（Colin E. Gunton, 1941～2003）寫有一本文集，名為 *Theology through the Theologians*，[1] 以及一本講道集，名為*Theology through Preaching*。[2] 前者可譯為「透過眾多神學家做神學」，後者則為「透過宣講做神學」。這兩本書的名稱，標示了根頓做神學的方法：他者是不可以繞過去的。根頓批判地閱讀教會歷史上眾多神學家的著作，走出他自己的神學道路。根頓也在教會宣講，透過宣講聖經，他在上帝的話語之中深入地體會他所相信的三一上帝及其作為，從而修正、整合他自己的神學道路。

筆者仿效根頓，而提出「透過祈禱做神學」。那麼，我們可以怎樣了解這句說話？「透過祈禱做神學」是甚麼意思？首先，祈禱，對於跟隨耶穌基督的門徒來說，是甚麼舉動？我們以為很明白祈禱是甚麼，實質上並非如此。我們很多人以為祈禱是不學而識的，因此隨意而為。若然真是這麼簡

1 Colin E. Gunton, *Theology through the Theologians: Selected Essays 1972～1995* (Edinburgh: T&T Clark, 1996).

2 Colin E. Gunton, *Theology through Preaching: The Gospel and the Christian Life* (Edinburgh: T&T Clark, 2001).

單，門徒就無需請求耶穌教導他們禱告了。也許，我們首先需要學習的，就是**透過門徒謙卑地向主耶穌學習怎樣禱告**，校正自己對於禱告的錯誤態度與認識。

祈禱，為甚麼需要學習？這是因為我們祈禱的對象，是跟我們在本體上、存有上不一樣的上帝。這不一樣，用聖經的言語來説，就是「聖潔」；這「聖潔」，就是「全然的他者」（wholly other）。那麼，我們怎樣才可能向這「聖潔」、「全然的他者」的上帝祈禱？門徒也許並不知道，他們是問對了耶穌，惟有耶穌才能夠正確回答他們的問題。因為耶穌是成了肉身的道，所以祂可以教導他們怎樣向那位「聖潔」、「全然的他者」的上帝祈禱。上帝的兒子，成了肉身教導祂的門徒，怎樣向天上的父禱告。作為耶穌的門徒，我們也跟昔日的門徒一樣，需要**來到耶穌面前，請求祂教導我們學習怎樣祈禱**。

但是，不讀聖經，就不能領受耶穌的教導。不讀福音書，我們就不能領受耶穌教導門徒怎樣禱告。只有閱讀聖經，我們才會學習得到怎樣祈禱。因為抽離整本聖經，我們並不了解耶穌對門徒所教導的祈禱。**只有從整本聖經所記載的上帝在世的故事，我們才可以明白耶穌教導的祈禱**，是關乎上帝從亙古以來的心意。**只有從耶穌所教導的祈禱，我們才可以明白整本聖經所記載的上帝在世的故事**，是關乎上帝那亙古以來的心意。我們不懂祈禱，所以向耶穌學習怎樣

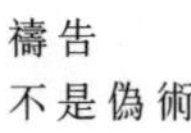

祈禱；我們向耶穌學習怎樣祈禱這一舉動，引導我們閱讀聖經、閱讀上帝在世故事的心意。

向上帝祈禱，與閱讀聖經，原來是一個螺旋的關係。但是在這個螺旋中間的，卻是道成了肉身的耶穌。耶穌所教導的祈禱，讓我們的焦點首先落在那位「聖潔」、「全然的他者」的上帝身上，讓我們的注意力首先集中在聖經所記載的那位大而可畏的上帝身上。然後，我們才會知道我們真正需要的是甚麼，也會明白為甚麼只求日用的飲食、赦免我們的債、不叫我們遇見試探、救我們脫離兇惡。耶穌所教導的祈禱，指向了讀經；而讀經，則是在耶穌所教導的祈禱底下進行的。**在祈禱底下進行的讀經，不是一種學術的研習，而是一種生命的參與、有分，在其中與那位「聖潔」、「全然的他者」的上帝相遇**。

透過祈禱做神學，於是，就不是一種學術的研習，而是一種生命的參與、有分，不是一種知性主體對知性客體的認識歷程，而是一種生命被介入、感動，以致被整頓、轉化的歷程。神學的本源目的就是認識上帝，但我們認識上帝，是因為上帝首先認識我們，是因為上帝在基督裏藉著聖靈首先認識我們，以致我們可以藉著聖靈承認耶穌是主，並因著耶穌基督而認識父，與上帝的生命有分。這樣的神學，乃是一種信仰的知識、位格的知識（personal knowledge），跟啟蒙時代以來的主－客知識無關。因此，**我們以耶穌基督**

之名，藉著聖靈的能力而向父上帝祈禱；我們以耶穌基督之名，藉著聖靈的能力而閱讀聖經——父上帝連同子上帝、靈上帝在世的故事與心意。

透過祈禱做神學，無可避免地，是透過耶穌的祈禱做神學。然而，耶穌這位他者的祈禱，也是一眾門徒向父上帝祈禱的通道。他人在耶穌祈禱裏的祈禱，也因著耶穌而彼此和應、回響，從而互相激盪，這就成了祈禱的羣體，也成了認識上帝的羣體。這個不斷在祈禱之中認識上帝的羣體，同時也是一個活在聖經之中的羣體。聖經成了這個羣體的背景、脈絡，以及血肉。當這個羣體所讀的聖經規範他們在耶穌的祈禱裏祈禱，他們的祈禱就猶如文本，具體活現（embody）他們所相信的，並指向耶穌基督，以及聖父與聖靈，而可以互相閱讀。**最終，在耶穌的祈禱之中，而可以彼此透過對方的祈禱做神學。**

二〇一四年十一月六日

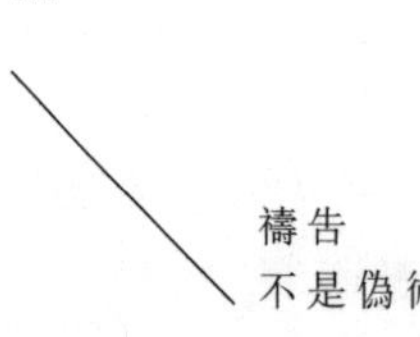

譯序：用者手冊

禤智偉

當我頭一次在神學院教授基督教神學，大概到學期中的時候，終於有同學提出，希望我在每次開始講課之前先祈禱。其實，我一直在等待他們主動要求！因為，這樣我就可以名正言順，在課堂上與他們分享侯活士的祈禱。此後，每一堂（包括考試）開始前，我都會從侯氏的 *Prayers Plainly Spoken* 選譯一篇，與同學同心祈禱、同説阿們。

我的處境和侯活士的很近似。讀者手上這本書，裏面絕大部分禱文，原本就是侯活士為「應付」學生和自己的需要而寫；而我也是為「應付」學生和自己的需要，而開始著手翻譯中文版。我的欠缺也同侯活士一樣，我們都不懂得如何在眾人面前開口祈禱，甚至覺得這是一件令人尷尬的苦差。我和侯活士的需要也是一樣的。神學院（無論是大學裏面的 divinity school，還是獨立的 seminary）不是頒授學位的知識工廠，或者傳道人的職業訓練中心。神學院雖然不是堂會，但她仍然是「教會」，她首先是一個門徒羣體。老師的學問只比學生的稍為高一點，但在靈命的資歷（甚至實際年齡）上，老師未必一定比學生年長；在屬靈層面來説，老師和學生是「平等」的，都是主內的弟兄姊妹，一同學習追求上帝，並要互相督責、彼此守望。在緊密的課程和實習以外，神學教育還包含「隱藏的課程」，就是在集體的日常起居、學習、敬拜生活之中，操練靈性、德性、個性。祈禱是最重要的其中一環。

我個人閱讀侯活士的禱文時(以至他其餘所有的著作)，首先是視他為一個主內弟兄(雖然他無疑是一個與眾不同的基督徒)，然後才是神學家(雖然他的確又是一位聲名顯赫的神學教授)。侯活士吸引我的，不是他的「學說」、「理論」、「立場」，而是他對聖經故事的領受，可以將我帶到耶穌基督面前；用他自己的說法，他是我基督徒生命中其中一位「聖徒」。[1]侯活士也不是一般意義上的屬靈偉人(他本人絕對會堅持這一點)，他這些為課堂而寫的禱文，皆是短小精簡，時而雋永、時而沉鬱，但有時卻不明所以。禱文的格調措詞更盡顯他的性格，他的用語不避俚俗，嚴肅恭敬之中，又禁不住經常流露出「侯式」的老頑童幽默。在向三一上帝的禱告之中，他竟會講反話，以挖苦信徒、嘲諷教會，作為一種認罪懺悔；他會自嘲，不過也會拿別人開玩笑，甚至大逆不道到開上帝的玩笑。

1　參本書 87 篇的譯註。

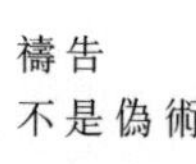

這些或許都並非我們需要全盤學習，遑論能夠模仿的特質。例如，依據侯活士的神學同伴韋爾斯（Samuel Wells）的教導，侯氏的禱文就不合聖公會代禱（intercession）的體統結構，甚至可能在內容和組織上「不合格」。[2] 韋爾斯正確地診斷出，現時教會內的公禱有一種通病，就是混淆了禱告的對象。公禱不是代禱者（無論是牧者，還是教會領袖）向會眾授課、訓話、教導、勸勉、分享家事的黃金機會，公禱首先和惟一的目的，是帶領會眾藉聖子耶穌，在聖靈裏，向聖父說話（to the Father in the Spirit through the Son）。因此，代禱者切忌在祈禱中炫耀學識、賣弄神學，或者宣揚個人的社會、政治、道德立場。

其實，侯活士與韋爾斯的祈禱觀，是一致的。侯活士經常提到，上帝會為世界祈禱，而教會就是上帝為世界的祈禱（God's prayer for the world）。[3] 普通信徒會驚訝，上帝為甚麼有祈禱的需要？上帝向誰祈禱？韋爾斯的三一論就正好說明，福音書所記載的耶穌，是一個不住禱告的人（這也是祂與門徒的明顯差別），而耶穌亦不住向上帝為我們代求（天上眾聖徒也一樣）。在耶穌受難、復活、升天之後，教會被

2 參Samuel Wells, *Crafting Prayers for Public Worship: The Art of Intercession*（London: Canterbury Press Norwich, 2013）。

3 參本書3篇、4篇、6篇。

聖靈充滿，基督藉聖靈與我們同在，教會成為基督在地上的體現和見證；所以，教會也成為上帝為世界的祈禱，是上帝對世界的賜福。教會的祈禱，不是單為自己的，而且是為世界的，是祈求上帝成就祂對世界的計劃，並為教會在此救贖計劃的角色而感恩。教會只不過是加入耶穌對世界的代禱；可是，不能忘記的是，教會仍然在世界裏面，或者世界也在教會裏面。

韋爾斯特別關注到，公禱的信息必須盡可能避免排斥性（exclusive），亦即其內容不應該令一部分會眾因他們的身分或個人狀況而無法認同，或感覺被排除於教會之外，而不能同說阿們。例如，當禱告提到美滿的家庭生活是上帝的賜福，就要顧念到孤獨鰥寡、不婚離異、無父無母、無兒無女的會友；當我們感謝上帝賜健康，讓我們有生命氣息，能回到聖殿讚美敬拜祂，也要不忘記念因患病或其他緣故而缺席的主內。韋爾斯基於同樣的道理，反對在公禱裏面，滲入太多個人的神學意見和立場，而應專注於教會的共同認信、聖經的公開啟示。但我相信，他不會因此像某些神學家一樣，批評侯活士的禱文有太強的侯氏神學風格。試想，當一個神學人禱告的時候，他自己做的神學竟然完全沒有發揮作用，到底這是種怎麼樣的神學？至少，侯氏本人就會反對這樣的可能。

侯活士的祈禱不是在教會/堂會的崇拜禮儀內發生的，

而是在課室講堂上。與他一同祈禱的，不是面目模糊、無以名之的陌生會眾，而是他要對之傳授神學知識的學生。這班學生不會對侯氏的神學思想一無所知。中文讀者在閱讀的時候或者偶然遇到的困難，對侯氏的學生而言，應該不會構成太大的障礙；或最少，他的學生有發問的機會；侯氏有時甚至會藉禱文的內容，作為教學的引言。

作為譯者，我的責任首先是盡力將侯活士祈禱的神髓，通過中文媒介再度呈現出來。侯活士沒有像教會史上傳頌的一些經典禱文一樣，採用韻文或詩體，[4] 而是選用有時帶點口語化的現代美式英語。他一直保持幽默，沒有學究地或長篇大論去説理。我的翻譯希望能做到恰當地保留這種文學性質。另外，為協助中文讀者，補充一些大家或許缺乏的，禱文寫成時的處境或內容的脈絡、背景等資料，我適度地加上原文所無的註腳。有時，我更會將翻譯時遇到歧義難解、一語雙關的地方，坦誠與讀者分享，以豐富對原文的理解。另外，有時我更斗膽嘗試「拆解」（unpack）禱文當中富侯氏色彩，未能讓人一目了然，濃縮了的神學詞彙、片語、造句。若拿別人的祈禱當為聖經文本一樣去進行「評鑑」（criticism），除了帶點不敬之外，也有點多此一舉。禱文不

4　參梅智理：《禱告靈旅——與15位聖徒一起禱告》，周健文譯（香港：基道，2013）。譯者採用現代中文新詩體翻譯古典禱文，非常出色獨到。

是學術的論理文章，目的不在於說服聽眾接受某一觀點，而是上帝子民「致籲」（address）上主的心聲情感，它本身應留有靈感、契合和默念的空間，以及不同的閱讀可能性。我所加的評論和釋義，只為增加趣味，無意介入或妨礙讀者的領受。雖然我已經盡力自我約束，不去代替讀者思考，但仍然建議讀者在第一次閱讀禱文的時候，先略過譯註，直接體會作者的文字思路。

以上種種的考慮，只盼望這本書，能對讀者帶來三方面的幫助。讀者也適宜按以下建議的三種方法「使用」本書，如此想必會有所得著。

一、這首先是一本屬靈書，需要用耳去聽

侯活士一直以來都是以短篇、散文（有別於一般的學術期刊論文），作為主要的寫作方式，大部頭的專述論著少之又少。[5] 晚期他更多將自己的崇拜講章，[6] 以及禱文等非學術、非論述性作品出版，因而出現了某些論者所形容的「崇拜儀節」（liturgical）、「教會生活」，或者「靈修生活」轉向。

5 正如所謂的「例外證明規則」（exception proves the rule），侯活士的代表作《和平的國度——基督教倫理學獻議》，紀榮智譯（香港：基道，2010），其實很缺乏「代表性」。
6 例如，《當祂在十架上——與侯活士默想基督最後七言》，紀榮智譯（香港：基道，2013）。

所以，我首先會建議讀者將本書，當為靈修默想的工具。沒有甚麼事情，比被造的人開口發聲向造物主禱告這種神與人、無限與有限、超越與肉身的會遇，更「屬靈」、更「屬神」的了。一個神學人，將他對上帝的所想所求向上帝傾心吐意，這些都是最真誠、最貼身、最內心，甚至最私密的説話；然而，他卻將之公開，不但在課堂上帶領他的學生一同誦讀，更將之整理成文字出版，與其他的主內分享。讀者在心中默唸這些禱文，就猶如有人為我們代求 —— 這就是聖徒相通所得的安慰和力量。

信徒可以藉此作為默想之用，學習挪用（appropriate）禱文的信息，將禱文所體現、所祈求的門徒品德「據為己有」。雖然，讀者當下的個人或社會處境，與禱文的不盡相同，但仍然可以思考：[7]

- 作者到底向上帝求甚麼？怎樣求？為甚麼要這樣求？
- 作者所認識的，是一位怎樣的上帝（祂已經為我們做了甚麼、正在做甚麼、應許必會做甚麼），因此才會如此求？
- 假如上帝真的應允成全作者所求的話，上帝會做甚麼？作者和他的學生應有甚麼生命素質的轉變？

7　這裏所建議的思考方法，是「逆向」地應用韋爾斯的教導；這些問題本來是在撰寫禱文的時候，就應該已經充分考慮的。見Wells, *Crafting Prayers for Public Worship*, 38～42。

再進一步：

- 換了是我自己，設身處地，我在類似的光景，又會怎樣求？求甚麼？
- 為甚麼我和作者會有如此的差別？是否由於我對上帝的認識和他的有出入？

讀者若循這類方向默想，就會發現，禱告並非向上帝傾訴我們日常遇見的大小好壞事情，或將一張沒完沒了、充斥瑣碎雜項的求福清單（wish list）向上帝稟明。禱告甚至不是單純地向上帝説話，而是上帝向我們説話的一種方式，是我們學習聆聽上帝的一種方式，祂**極為具體地**讓我們自己親身去發現祂是怎樣的一位神，並且間接地告訴我們，我們真正需要的是甚麼、我們是誰、我們屬誰、我們將往何處去。

二、這也可以是一本公禱書，需要用口去唸

華人教會似乎有一種迷思，以為當場即席的（extempore）祈禱，一定比誦讀預先擬寫的禱文「好」或者「真」。因此，我們就漸漸失落了撰寫禱文的靈性技藝和心性操練，以及為祈禱做好事前準備的優良習慣；我們不但貶低準備的重要性，甚至認為這是多餘的。於是我們在教會所聽到的公禱，往往充滿屬靈八股、東拉西扯，而內容空泛陳

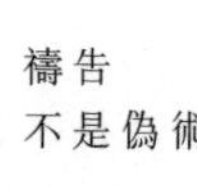

腐；尤有甚者，信徒久而久之便誤以為這些急就章、毫無組織章法卻又公式化的祈禱，就是應該學習的楷模。我們以為只要能激盪人心，就是「好」的祈禱，於是我們模仿某些牧者祈禱的聲線、語調、格式、套語，這就是侯活士所批評的教會病態：以敬虔的「味道」，取代內容；以戲劇化的個人情感表演，當為向上帝的祈禱。我們不再像韋爾斯所主張的，有意識地去反思祈禱的對象和目的。

因此，教會(無論是牧者，還是有機會領禱的領袖長執，以至於所有信徒)有需要重新學習禱告，最簡單的途徑就是從使用現成的禱文入手；慢慢揣摸領悟當中的奧妙、文字技巧、神學規範，再嘗試自己實習撰寫、改寫，不斷修繕、求取長進；最終當然是希望能夠掌握到隨時開口祈禱的屬靈能力，但那必然是經過長期自我訓練、學習、踐行的成果，不能一步登天，也不能單靠天分。

無論是從形式還是內容而言，這本書的禱文，未必全都適合在崇拜作公禱之用；部分(或只要稍作改編)卻可以在主日學、團契、小組、神學院課堂，以及某些特殊場合(如安息禮拜)中使用。在翻譯的過程當中，我已經盡量顧及禱文的「可朗讀性」，即使我使用的仍是書面語(不過有些是刻意融入了「港式語法」)，但希望讀者不難將文字輕易轉為廣東口語。而且，在屬靈慣用語上(特別是禱文開端，對三一上帝的致籲和稱呼)，我已經將部分翻譯成香港教會較常用和容易接受的樣式。

為方便讀者索引選用，在此簡單地提供一個概覽。作者將本書的禱文，分成三大部分，分別對應無論是課堂上、基督徒靈命成長，還是人生旅程以下三個階段：

- 兆始（beginnings）：這部分是學期開始的時候的祈禱，它們的內容亦圍繞門徒踏上天路歷程的初信階段。有兩個重複的主題：受浸加入教會的意義，以及如何承受向上帝祈禱這份珍貴的禮物。
- 在兩下當中生活（living in between）：這部分佔全書超過三分二的篇幅，幾乎包含門徒個人生命和靈命成長的全部。當中有多個帶有侯氏特色的主題：在營役之中的迷失；自我中心與自我迷戀；暴力與和平；人作為具備肉身（embodied）的受造物的物質性；他者（敵人和友伴）的同在；記憶與遺忘；上帝的故事如何模塑教會等。禱文的主調是讚歎與驚奇（wonder）：我們如何被上帝緊緊擁抱，即使我們有時不情不願；我們甚至會反過來，抗拒上帝不離不棄的（unrelenting）愛。侯活士固然不斷認罪懺悔、求取謙卑、學習忍耐，但更多是從人的軟弱之中，看到上帝無盡的豐盛恩典，並為此而歡慶、感恩、讚美。
- 結束（endings）：最後，除了是學期快將終結的尾聲，

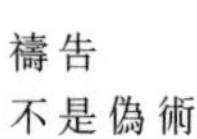

也是在世生命的盡頭。多篇禱文皆為特定的人物（包括一隻貓）的離世而作。它們的主題是：恐懼與盼望。

三、這更是一本神學書，需要用心去想

假如一本書能夠成功擁有以上兩重功用，它怎可能不是一本神學書？

無論是信徒、牧者，還是神學人，很多時仍然先入為主地以為「神學」必須是思辯性或哲理性的。在當今本地教會，「神學」一詞更儼然成為忌諱，被視為會「嚇怕」一般信徒；「神學」只是留給神學生讀的；甚至，當神學生畢業之後，回到教會服事會友的時候，最好也不要再提他們學過的「神學」。但其實，當一羣基督徒同心禱告，那就是他們的「神學」；教會有怎樣的「神學」，就會怎樣禱告，無所遁形！

侯活士一貫主張，神學必須幫助教會學習如何真確忠誠地（truthfully）向上帝祈禱，否則就不是基督教的神學。神學必須服事教會，神學是教會的僕人，要造就教會的生活，使人成為基督的門徒；基督教神學必須接受和服從教會、傳統、聖經的規範，而有別於人文學科或博雅教育所標榜的「自由批判」精神。侯氏這種立場，有時被論者嘲笑為信口開河、譁眾取寵。所以，誠如他在〈導言〉所說，這本書也許是他整個神學生涯的終極考驗。

一個神學人，沒有宣講的恩賜，勉強還說得通；何況，不同於香港的神學院老師，英美的神學教授不少是從來不會在教會講道的。但假使一個著作等身的神學人，竟然不懂得禱告，就顯得可笑和荒謬。

我說，這是一本需要用心思考的神學書，不是叫讀者去品評侯氏的禱文在神學上如何出色，或者對他的神學理念進行理性批判；而是盼望讀者在個人默想、公開誦讀以外/之後，再去反思：上帝藉著這些禱文向我們說了甚麼？祂親自顯露了甚麼？這才是以忠於祈禱的本質來閱讀禱文的不二法門。我們的注意力，不是放在祈禱者/作者本人對上帝的神學認識有多正確，而是我們借助他的祈禱，仰望他所指向的上帝，那位超越人類的言語、想像、期望的救主。侯活士的祈禱，最終要成為我們自己的祈禱，而不再是「侯活士的」祈禱。

最後，我要感謝香港浸信會神學院神學學士二○一四年畢業班的全體同學，特別是吳志海傳道，是他們令這本譯著成真。感謝我的同事、資深文字工作者鄧紹光教授，在百忙中審閱了初稿，將我從不少錯誤中拯救出來；譯文偶有神來之筆，大底都出自他手，其餘文責則應由我來負。感謝出版社的編輯同工佘雪姊妹，為我這個翻譯工作上的初哥提供了引導、支援和寶貴的建議。願侯活士這本小書榮神益人。阿們。

自序

感謝我在杜克大學神學院的學生，他們讓我有機會在基督徒倫理課堂上為大家祈禱。多得這班同學（特別是 Jennifer Fitts 牧師）的催促，這些禱文才會走出課堂，公諸於世。沒有他們的鼓勵，我不會有勇氣冒險將這些禱文出版。此外，若沒有 Rodney Clapp，我甚至無法想像這些文字如何成書，是他熟練的出版經驗和友誼，令本書成為可能。正如我在〈導言〉裏面解釋，我之所以學會祈禱，只怪是我太太 Paula 的「錯」。但願我永遠不會將她對上主之愛，或是對我的愛，視為理所當然。她這兩份愛雖則各異，但同樣非比尋常。我非常欣慰可以將這本小書獻給我所愛的侯活士家族其他成員：Joel Adam、Laura 和 Adam。我祈求上主賜他們充滿挑戰而又美好的生命。

目錄

第二部　在兩下當中生活

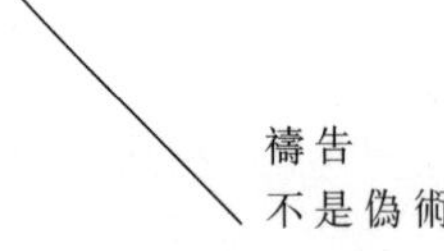
禱告
不是偽術

第三部　結束

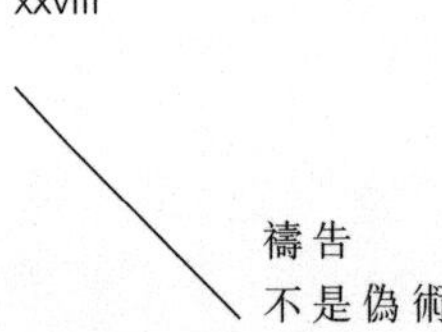

導言

每逢侯氏家族的聚會，我父親都是「指定的代禱者」。在感恩節、主誕節、復活節、結婚週年紀念等場合，當我其他五個叔叔和他們眾多的家庭成員在我祖父母的家中聚首一堂時，每次吃飯之前，大家都會請我父親謝飯。我和我的堂兄弟姊妹只在旁觀看。對於父親肩擔起感恩祈禱（ask grace）的重任，我總是望而生畏。雖然我當時不太明白，為甚麼大家覺得只有我父親才最有資格為各人祈禱，但我肯定他就是那位真正被揀選去負責這項非凡任務的代禱者。我仍然隱約記得，他的祈禱雖則大同小異，但都是非常好的祈禱。

當然，我們是一個來自美國南部的家庭。在南方，人們相信每一個家庭裏面，都有人是天生有祈禱恩賜的。我不曉得為何父親被視為擁有這方面的天賦。到我出世的時候，這已經是家族裏面的共識。不過，我無理由懷疑父親是最合適的人選。況且，在我們自己家裏，他總是負責謝飯祈禱，尤其在崇拜之後，牧師被邀同來享用烤雞的時候。

當我發現人們假設祈禱的恩賜是能夠遺傳之時，我的煩惱就開始了。作為家中的獨子，我理當繼承滿有「祈禱恩賜」的光環。正如我父親是個砌磚泥水匠，我作為侯氏之子，也應該子承父業，學習砌磚牆，對此我欣然接受，但我卻很介意成為專責祈禱的人。

實情是，我不精於此道。我就是掌握不到禱告的竅訣。要我忽然有三十秒的「敬虔」時間，無疑有點虛假造作。在十四歲那年「蒙召」全職事奉（此事最後沒有成真，實在是教會之福）之後，我仍然不懂得祈禱；就算去了神學院，以及後來完成了神學博士課程，我仍然不曉得如何隨時隨地開口祈禱。我知道祈禱是基督徒生活的核心，但我就是做不到不靠講稿就能開口祈禱。我能夠誦讀教會的禱文，而且覺得它們對我的生命是不可或缺的；至於要我自己祈禱，則是另一回事。

直至我到杜克大學任教，這個情況還是沒有改善。當時 Paula Gilbert（後來成為我現任妻子）問我能否上課前在班上祈禱。這是我之前從來未試過的，因為當我在 Augustana College，以及後來在聖母大學教授本科課程的時候，我覺得這樣做好像不太合適。* 當然，我們假設聖母大學的本

* 譯註：侯活士從耶魯大學取得博士學位之後，先在有信義宗背景的 Augustana College 任教，一九七〇年轉到天主教的聖母大學（University of Notre Dame），一九八三年再轉到他所屬的循理會的杜克大學，至退休為止。當侯活士加入杜克大學的時候，後來成為他第二任妻子的 Paula Gilbert，是神學院的入學註冊主任。

科生一般都是天主教徒，但我仍然以為，在堂上祈禱非但無益，反而製造壓力。但是我實在再找不到任何藉口推搪Paula，去解釋為甚麼在神學院必修的基督徒倫理科課堂上不應該祈禱。於是我謹遵她的指示，在講課前先祈禱；雖然我不太喜歡這樣做，但我仍然決心要做到。本書就是那份決心的成果。

我自問缺乏「隨心所欲地」祈禱的深度，於是我在每個課前的早上，都抽時間把禱文寫好。其實我當時並不知道自己在做甚麼，我只是決心把事情做成。不久之後，開始有學生向我索取禱文的文稿，這使我有點不知所措，部分原因是我不想太著意自己所做的。始終，祈禱本身不應吸引人的注意，而應指向我們對之祈禱的那位。不過，無可否認，我祈禱的方式引起了我一些學生的共鳴。

有學生甚至開始建議我將這些禱文出版，但我拒絕了。我不想將禱文出版的其中一個理由，來自我一直對祈禱此行為的困惑：我不想公開地展示敬虔。其實我無需懼怕展示敬虔，因為我根本不是一個敬虔的人；起碼，我沒有那些被一般人聯想為敬虔的舉止行徑。我當然希望我對那些值得尊敬的人和事，流露恰如其分的恭敬，但我從不嘗試變得「聖潔」（holiness）。我抗拒「聖潔」，因為在如今的世代，「聖潔」常常是令宗教陳述失去真誠（truthfulness）的原因之一。

例如，請留意一下，每當有人忽然以敬虔的語調、公式化的禱告口吻向我們說話，縱然我們願意聆聽，但我們的注意力自然就被分散了。祈禱有時不堪入耳，我估計是因為它們標榜的「聖潔」，將祈禱者的態度，看得比祈禱的內容更重要。最重要的是有人在祈禱。於是，祈禱變成一種表達情感的演練，只在不斷強化我們以人為中心的需要。

我懷疑正因為我這些禱文不夠「聖潔」，所以我的學生才會希望它們能夠被其他人閱讀。這些禱文惟一的特色，就是它們平平無奇（plain）。這是因為我不懂得用我平時說話以外的方式祈禱。換言之，我認為，當我祈禱的時候披上另外一個形象，是大錯特錯的。我「揣測」（用德州人的說法）上帝會忍受我這種祈禱的方式，因為上帝不需要受保護。我想，這種方式是我經年累月在教會裏，以詩篇祈禱從而學到的。上帝不希望我們來到祭壇前的時候，跟我們平日生活的模樣有異。所以，我放棄裝作敬虔，或者學人在禱告裏應用敬虔的語句。我嘗試用平淡淺白的方式祈禱，但仍希望不失動人的優雅，因為簡潔本身就有無比的說服力。

關於這些禱文的性質

可是，假如說我希望給讀者一個印象——這些禱文之所以被標榜為「平凡」，是因為它們非經過深思熟慮而成——的話，就未免有點言不由衷。我是一個神學人。很榮幸，我畢生都在閱讀奧古斯丁、阿奎那、路德、加爾文、巴特，以及——求主幫助——衛斯理。假如我說從他們（以及其他眾多並非神學家，卻有精彩生命的基督徒）身上所學到的，對我學習祈禱毫無作用，我就算得上是一個最不懂感恩的被造物。虛假的謙卑即使以「我只不過是個普通基督徒」來包裝，仍然不減其虛偽。「我只不過是個普通基督徒，」但因為教會恩賜了我時間和學習的機會，我就同時被賦予某些責任。

當然，一個神學人代教會祈禱，或者為教會撰寫禱文，可以是一件頗為危險的事。那些經過神學訓練的人，會傾向編寫一些反映他們神學觀點的禱文；或者，甚至更糟糕，他們會在祈禱裏爭辯，提出論證。這種試探無疑是現代神學的獨特標記。現代性意味著從某一個時代開始，神學家相信他們的任務是要去解釋基督徒所信的，而且假設他們的解釋比這些信念本身更真確。如此的神學，就不再是教會的僕人，而意圖成為主人。雖則我對這類神學企圖經常口誅筆伐，但不代表我不會犯相同的毛病，因為我們往往變成我們所反對的對象。

無論如何，我盼望這些禱文如實反映我過去所學到的，就是如何成為基督徒。從過去到現在，一直有不少教導我如何祈禱的良師。假如讀者閱讀這些禱文的時候，看不到一些我個人的思想在其中，我會感到失望。神學作為一門無止境的學問，就是要學習如何與上帝對話、向上帝說話、言說上帝。職是之故，祈禱就是我們一種最被規限，而又最具決定性的（determinative）的言語。所以，任何神學如果不能幫助我們禱告，就算不上是基督教的神學。間接地，這本書是對我所做的神學最嚴格的考驗。

我盼望這些禱文的讀者，大部分是不認識我的著作的人。大家無需先認識我的「神學立場」，才能閱讀這些禱文，或者以它們來祈禱。我熱切地期盼，要以這些禱文作為祈禱，讀者惟一需要的，只是共同追求的心志，就是要敬拜那在耶穌基督裏所遇見的上帝。當然，設若有讀者在讀完這些禱文之後，有興趣閱讀我其餘的著作，我絕不介意。但我確實認為這是不必要的。如果讀者需要先認識我的思想才能明白這些禱文，則它們就不值得成為他們的祈禱。

雖然這些禱文大部分是為了在課堂上誦讀而撰寫的，但不代表它們是「學術的」。無疑，它們是為基督徒倫理課課堂之用，而且有時我是因應當日的教學內容而撰寫的。但因為課程本身是以教會的崇拜禮儀程序而組織的，所以我不認為這些禱文只局限於師生在教與學之間所感興趣的課題。無論在課室內外，我們的生命都是由兆始（beginnings）、終結（endings），以及在兩者之間的「蹣跚前進」（muddling through）所構成。[1]

1　我曾解釋自己如何設計基督徒倫理的課程：Stanley Hauerwas, *In Good Company: The Church as Polis*（Notre Dame, IN: University of Notre Dame Press, 1995）, 153～168。

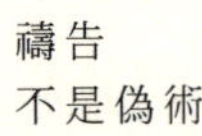

所以，雖然不少禱文都是因應某日課堂上所講的課題而寫（例如關於聖經、宣講），但與此同時，它們也回應世界所發生的事，以及我們身處的羣體的事。有些祈禱回應某場剛爆發的戰爭；有些回應颶風 Fran 帶來的災害；有些回應某位同學的自殺；有些回應某位同事，或者朋友的雙親的離世，以及回應某教授對神學院羣體的背叛。

以上的例子足以說明，這些禱文的「材料」，根本就是來自生活的素材。這是不足為奇的，因為大學裏面的生活，尤其是神學院裏面的生活，同任何生活一樣，都是由一些永恆不變的元素組成：生命的誕生、忠誠與不忠、真相與謊言、寬恕與埋怨、性、和平與暴力、美與醜、青春與衰老、迎接死亡與經歷死亡，以及最重要的 —— 上帝。當然，這些生命的經歷都因為我們對上帝的敬拜而被賦予特定的形態。所以，教導倫理學的最佳方法，就是透過崇拜儀節來進行（taught liturgically）。

我必須補充，本書的禱文不是所有都是為課堂之用而寫的。例如，我選錄了一篇禱文，是為一個頗為令人尷尬的場合而寫的，就是我以一個基督徒的身分被邀請向主人家「回敬」（return thanks）；但當在場許多人都不是信徒的時候，你又怎能向基督徒的上帝祈禱？我勉強為之，〈向那非「終極含糊」的上帝致詞〉（編按：本書 20 篇）就是我嘗試克服這個困境的成果。我承認對此是沒有完滿的「解決方法」的，我也奉勸其他基督徒不要在公民宗教(civil religion)之中扮演這種禮儀性的角色。向一個形象模糊的上帝,用含混的言語祈禱,對任何人都毫無益處。我可以同大家分享,因為我的介入(或許就是因為我那個祈禱的緣故),在我的大學同樣的活動裏面,已經不再有祈禱這個環節,代之而有的是片刻的靜默。

假如這些禱文有一個共同的特徵,我希望就是誠如我上面所講,它們是對上帝的信心,相信上帝悅納我們的祈禱,祂悅納發自**我們的**祈禱。我們無需向上帝隱藏甚麼,這是一個好消息,因為任何隱瞞上帝的意圖都必定失敗。上帝希望我們會哭泣、呼喊,會將我們所明白的,或者不明白的都說出來。我們是從留意那些走在我們前頭的基督徒的祈禱,學懂這些的。所以,我嘗試將書中的禱文嵌入聖經人物的故事裏面,盼望透過這些先輩,我們能發現自己真的已經成為彼此的同伴,在上帝為這個世界所作的滿有大能的祈禱裏有分。

這些故事迫使我們發現向上帝說話的方法,而這些描述我們生命的方法,都是我們自己本來無法想像的。我雖無詩人的恩賜或才情,但我肯定祈禱能夠推動我們發現一些本來無法發現的言詞。例如,本書其中一篇禱文提到祈禱猶如「毫不費力的活」(effortless work),這個講法是只能從祈禱的喜悅之中才能被發現的。假如用「毫不費力的活」來描述我們日常的生活，實在矛盾得令人費解，但用來比喻禱告，則近乎完美地直截了當。我期盼這些禱文的讀者能夠發現，祈禱的語言可以豐富他們的生命，因為說到底，我們的生命就是祈禱。這個盼望是出版此書的惟一理據。

送給 Joel 的祈禱

精明的讀者應該發覺我還未交代，有甚麼直接的理由催使我最終決定出版這些禱文。這個理由名叫 Joel Adam Hauerwas，生於一九九八年三月二十五日，天使報喜節。他是我的孫兒。我一直渴望送他一份禮物，能夠代表他出自的傳統，就是耶穌基督的教會。在此不確定的年代，這份禮物可以是一種明知不可為而為之的嘗試，好確保 Joel 的生命能反映某種文化習慣，就是理所當然地相信家族中定必有人承繼祈禱的恩賜。然而，這種在沮喪中勉力為之的精神，它的問題是掩蓋了使我們成為基督徒的那份喜樂。我自然希望 Joel 也成為基督徒，但我同樣肯定這並非我能保證的事。

當然，Joel 不會因為知道自己的祖父是個神學家，或者因為他閱讀我的神學，而成為基督徒。神學總是有太重的「解釋」意味。所以，當我再三考慮應否出版這些禱文的時候，我發現如果我有甚麼是可以送給 Joel 的，那就是這些禱文。

大家手上的這些禱文之所以是我能夠送給我自己的孫

兒最佳的禮物，正因為它們其實並不屬於我。反而，我想它們成為「我們的」，它們是活在這個奇怪的年頭的基督徒所學懂的祈禱。無疑，Joel 將會學到與我們這一代不同的禱告方式，但我希望我這些禱文仍對他有所裨益。除此以外，我們還能要求甚麼、祈求甚麼？

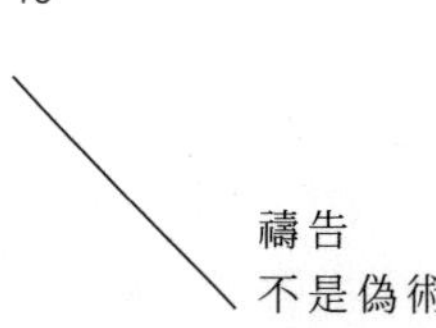

第一部
兆始

1. 重生與無懼

Reborn and Unafraid

發大洪水的主，請以聖靈洗淨我們，讓我們成為祢的生命方舟，* 成為暴力怒潮中的和平。水就是生命，水能潔淨，水也能殺人。出於畏懼，我們就安於在方舟內定居；但祢迫使我們尋索旱地，因為祢教導我們要抓緊在浸禮那一刻，我們如何被聖靈的水和火淹埋，又從水和火裏重生。我們既已重生，就求祢使我們無畏無懼。阿們。

譯註：
* 參 12 篇。

2. 主啊！我們真的已經活著嗎？

Are We Yet Alive, Lord?

主啊！我們真的活著嗎？我們能感受到傷痛與歡樂，我們有哭笑悲哀。這些就是我們存活的憑證嗎？還是我們誤將導向死亡的時間川流的潺潺聲，當為生命的脈搏徵象？我們發現，很難去相信、很難去明白，我們竟藉著受浸，於祢愛子的死有分，並因此重新得著生命。然而，祢確實藉著浸禮，使我們歸入祢的名下，使我們真正活過來。因此，我們的傷痛與歡樂方成為真實；因此，我們的哭笑悲哀可以成為彼此的服事。請將我們從快將沒頂的死亡江河中救拔出來，讓我們高喊：「耶穌基督是主！」，好叫世界見到祢活潑的生命、祢的愛。阿們。

3. 我是誰，竟然可以禱告？

Who Am I to Pray?

滿有恩慈的上主，我們感謝祢恩賜禱告。祢讓我們可以向祢祈禱，可以卸下我們的重擔，使我們將自己的所思、所憂、所喜，都擺在祢跟前，這是不可思議的。我向祢坦白承認，祈禱對我來說是一件艱難的差事。我不住省思：**我是誰，竟然可以向祢祈禱**？但我又知道，這不過是我虛偽的謙卑，掩飾我想成為自己的主宰這種傲慢的慾望。所以，我們祈求這個禱告成為喜樂的禱告，求祢使我們在祢裏面成為彼此的禱告。阿們。

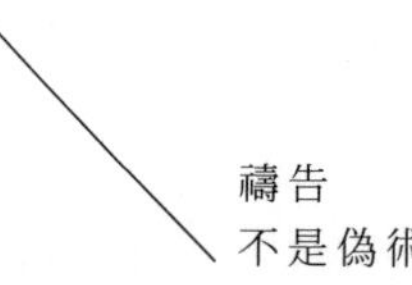

4. 求教我乞求

Teach Me to Beg

親愛的主耶穌，求祢差派聖靈降臨在我們身上，教導我們如何禱告。禱告是艱難的，需要我們發力用功；但當我們真的開口祈禱的時候，卻又好像輕而易舉。我向祢坦白承認，我從不喜歡祈禱，因為禱告太似乞求。* 所以我求祢寬大為懷的聖靈親自教我如何乞求。求祢幫助我們所有人，使我們發現，我們的生命其實是由禱告所構成；我們在祢裏面，成為一種滿有力量、滿有喜樂的禱告；使我們在這種禱告裏得著安穩，因我們成為祢的子民而心滿意足，並停止宰殺。† 阿們。

譯註：

*根據中文普通話發音，「乞求」和「祈求」(qiqiu) 更是一樣的，只是聲調不同。

†作者的意思大概是，信徒因為心滿意足就一無缺乏，不必再為爭奪而殺戮。此題旨在下一篇禱文得到進一步發揮。另參69篇。

5. 建基於過往的殺戮而來的生命

Lives Built on Past Murders

在慶祝哥倫布「發現」美洲大陸五百週年期間而寫的禱告。

親愛的上帝，我們的生活之所以成為可能，是由於過去的殺戮——文明建築於屠殺之上。*要我們感激這些殺人兇手，實在是一件令我們戰慄、沮喪的事。我們害怕審判別人，所以我們對自己說：「讓過去成為過去。」我們不願意審判，因為我們如何審判人，就會被如何審判。但求主幫助，讓我們學習說「不」：「我們誠然都是罪人，但過去若是錯的，今天仍然是錯的。」當我們這樣說的時候，讓我們以愛言之。阿們。

譯註：

*侯氏關於文明代價的觀察，雖然來自美國立國的歷史，但在人類的殖民史中不斷獲得印證。又例如在「八九六四」之後，也出現這種論調：沒有天安門的流血屠殺，就沒有今天強盛的中國。

6. 救我們脱離枯燥

Save Us from Dullness

我們獨一的天父，求祢使我們如同馬利亞一樣謙卑，在祢的愛子拿撒勒的耶穌，我們的主的十架下謙卑。如此我們就能通過聖靈同屬一個身體 —— 就是祢的教會 —— 並且成為祢對世界滿有大能的祝禱。恩慈的上主，祢的恩典既使我們戰慄，又承托我們。在這個課程開始之前，* 我們向祢求取勇氣。求祢闖入我們的生命，奪去我們的恐懼和嫉妒，以致我們開始曉得彼此信任，甚至在當中發現點滴的真理。我們在這裏所教、所學雖是嚴肅，但因祢的同在，就仍然不失歡樂和趣味。求祢為自己的緣故，救我們脱離沉悶枯燥。阿們。

譯註：

* 此禱文大概是為學期初第一堂課而作，侯氏幽了自己一默，就是希望學生不要在上課的時候，覺得基督徒倫理是一門沉悶的學科。另參13篇。

7. 使我們像祂一樣

Make Us Like Him

真理的靈，求讓我們將目光聚焦於耶穌的生命，使我們看到，祢希望我們成為怎樣的生命。求使我們像祂一樣，教導人認識祢那使人成善的律法。求使我們像祂一樣，能施行醫治的神蹟。求使我們像祂一樣，去宣告祢的國度。求使我們像祂一樣，去愛貧窮人、被社會遺棄的人，以及小孩。求使我們像祂一樣，當我們受世界的試探，挑釁我們用世界的手段回應世界，我們仍然能夠保持緘默。求使我們像祂一樣，願意迎接苦難。我們知道，若非祢的愛子耶穌與我們不同，我們就不能成為同祂一樣。求使我們珍惜耶穌與我們的不同，好讓我們能夠因著祂的復活，漸漸地成長得更似祂、更具有祂的形象。阿們。

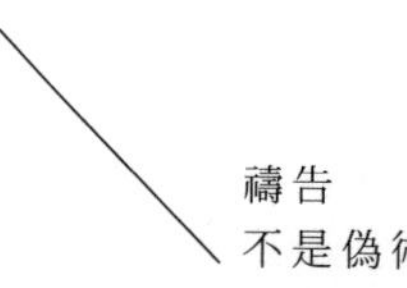

8. 與美好的生命打個照面

Confronted with Lovely Lives

Wanda Camp 多年來是杜克大學宗教系的行政祕書。任何大學都需要這些令人讚歎的人方能運作，但他們的重要性往往被忽略，他們的貢獻被視為理所當然。她與癌症搏鬥經年，表現出勇氣和從容，就是我們期許基督教會的成員所應有的氣質。

上主，我們何等渴求祢令我們平凡的人生變得不平凡。我們害怕因為平凡而落得寂寂無名。我們想強迫別人記得自己，於是誓要出人頭地。但是祢讓我們遇見像 Wanda Camp 這樣美好的生命，是一種以服事為喜樂的人生。我們為她的離世而傷感，但又為此而欣慰，因為在眾聖徒的團契之中，增添了充滿無限活力的新一員。求祢幫助我們過像她一樣的人生，我們不求別的，只求成為祢的僕人，有用於他人。感謝祢讓我們遇上這樣的生命。阿們。

9. 因為愛，就能懺悔地生活

Living Confessions of Love

賜生命的主，我們來到祢的跟前，卻對自己一無所知。我們趾高氣揚、裝模作樣，希望我們的自信讓別人留下好印象。久而久之，我們開始自欺欺人。求祢救我們脫離這種虛飾，好使我們真正認識自己，並因著對祢的信，使我們成為自己意想不到的人。幫助我們學效奧古斯丁，因著祢的愛，就能夠通過重新審視自己的生命，作為一種悔改認罪。* 請將我們的傷痕和喜樂都一併包紮好，因為只有當我們的人生成為對祢的祈禱，我們的生命才會變得有意義。阿們。

譯註：

* 這一堂課的內容很可能提到奧古斯丁，或者他的《懺悔錄》。侯氏在此也發揮了他一貫的主張：個人生命要嵌入三一上帝的故事裏面，才能被正確忠誠地敘述、被賦予可理解性（intelligibility），並產生意義（make sense）。所以，我們要向奧古斯丁學習的，就是以聖經的故事，重新閱讀（reread）自己的人生，將日常生活當為一種恒常悔罪的鍛煉。

10. 賜我們童真的眼光

Give Us the Sight of Children

真光之光、真神之神，求祢賜我們清晰的眼光，讓我們有勇氣如其所如地看清祢這個充滿罪惡、彎曲叛逆、糟透了的世界；看到它的實相，而不是我們所希望見到的。救我們脫離自我陶醉的我執，免得被自己的無知蒙蔽。賜我們天真純全的眼目，猶如小孩一般，能欣賞到即使是一塊普普通通的石頭的優美之處。受造世界因祢灼眼的榮光而生輝。請以靈火吸引我們，以祢的榮光熔化我們，使我們在祢的拯救、祢對世界的照耀之中一同發亮。阿們。

11. 時足予我

All the Time in the World

終成兆始、掌管時間的主，惟獨祢將時間變成一份禮物，提醒我們，從一開始我們就是被造之物，我們不是自有永有的。我們經常忘記自己是在祢的時間裏過活的受造物，為此我們向祢懺悔。我們害怕自己會因為死亡頻頻的召喚而變得善忘。我們近乎神經質地發憤工作，以為這樣就可以確保不會被人遺忘，就可以在歷史之中佔一席位。在祢眼中，我們何等愚昧，猶如漫無目地建築蟻丘的工蟻。請幫助我們在祢的時間裏，學懂喜樂、學懂休息。人類所經歷的時間，因耶穌的復活而被救贖，變成感恩的時間；* 因之，即使經歷死亡，我們也可以安枕無懼。祢已經給了我們所需的一切時間，願我們在其中歡喜快樂。阿們。

譯註：

*人類歷史不再是漫無目的、周而復始地邁向一個無止境、無意義、不可知的盡頭，因為基督的復活預示了目下這個世界的終局、永恆的開端。所謂「時間」，不再是簡單的「過去—現在—未來」的連續延伸，而是具有了聖餐的特質；時間成為感恩的「聖餐時間」（eucharistic time），或曰，時間像聖餐一樣，意思大概是指無限臨在於有限、「超越的」被具體化為「內在的」。時間是我們在現世領受救贖所必需的載體，在基督耶穌親自復臨之前，惟有在有限的時間裏面，我們才能經歷恩典、上帝的同在，並在當中以我們的生活當作活祭，獻上感恩。

12. 感謝主讓我們在海中漂流

Adrift at Sea, Thank God

大江大海的主，祢使我們在無軌迹可循的大洋上漂泊，我們的船漏水，既無槳，亦無舵。「失掉尾舵」正好形容我們的光景，但事實上我們的情況較此更糟糕。即使我們手執方向舵，也不知道自己該往何處去，我們甚至不辨東西南北。然而就算懂得辨別方向，我們也不能輕易信任自己、按自己所喜好的方向進發。簡言之，我們自覺迷失方向，並因此而埋怨祢。然而，祢不願意我們在自憐自責之中沉溺；相反，祢使我們沉浸在祢的國度之中，在主耶穌的受難復活裏浮沉，並將我們打造成方舟，* 也就是祢的教會。祢的愛使這艘方舟揚帆出海，遠離那我們以為能提供安全感的海岸，而無懼於可能在怒海中遇溺。當我們願意將愈多東西寄託在這方舟之上，它反而顯得愈不擠擁、愈能使我們經歷安穩，這是何等奇妙的事！感謝祢差派我們成為這方舟的水手，使我們無懼於前面的未知之數，因為我們知道，祢願意我們在海中與祢相遇。阿們。

譯註：
*參1篇。

13. 展開旅程的勇氣

Courage for the Journey

終成兆始、掌管時間的主，我們這個課程在此展開，求祢使用它來成就祢的計劃。* 我們知道自己不能成就自己，為此我們應當感恩喜樂。讓我們在這個課程之中，發現原來我們已經成為祢計劃的一部分，也就是祢的國度。求祢催迫我們承認，作為天國的子民，我們需要他者的同在；並且當我們虛心承認自己需要依賴別人，就發現自己有足夠的謙卑，去忠實真誠地接受任何真相。我們承認在這個課程開始之時，我們有點膽怯；自然不是被祢嚇怕，而是為著自己的不足。我尤其知道自己心裏懼怕，因為我要表現得對自己所教的胸有成竹，因為我理應要去改變學生的生命，即使在過程當中，我的生命也同樣會被改變。我不喜歡改變，但無論如何，我知道因為祢的緣故，我們師生彼此就被捆綁在一起。請給我們樂觀輕鬆的心情，縱使我們是被迫投進祢這個不可理喻的世界。請給我們勇氣，讓我們展開這段旅程，並願意發現關於自己的真相。

幫助我們記得，無論世事如何，祢是始創一切的那一位，
因為祢也是終成一切的那一位。阿們。

譯註：
*參6篇。

第二部

在兩下當中生活

14. 我們用愛包裝的謊言

Lies We Wrap in Love

親愛的主，我們經常求祢進入我們的生命、掌管我們的一切，鑒察我們內心的所有祕密，包括那些連我們自己也不自覺的隱密。但其實，這並非我們真心實意的渴求。其實，我們心底裏暗暗地呼喊：「請不要向我們揭露我們是誰！」我們以為，只要祢任由我們活在自欺之中，我們就能夠繼續自以為良善。不錯，我們當然知道，如此一種虛妄的人生，它的代名詞就是**地獄**。但我們身邊卻有很多這種被困於地獄的人，他們的靈魂虛弱到連說謊的能力也欠缺，他們只能自欺。親愛的主，求祢向所有這些被困的人大施慈悲，尤其是如果我們也在其中。這種人生所代表的孤寂，叫人毛骨悚然。求祢提醒我們、迫使我們，時刻誠實地面對生命，雖則這樣會帶來痛苦。因為，若失去了真理、失去了祢，我們就雖生猶死。救我們脫離那種想要討好全世界的虛偽，因為那不過是另一種野心；免我們遇見試探，就是專挑別人愛聽的假話去說，而不去說我們彼此都需要聽的真話。要按祢的真道而活，著實是一種刻苦的磨練。但請幫助我們牢牢地記住：凡不是出於真誠的愛，都是被咒詛的愛。用謊言包裝的愛，不外乎是一種暴力。因袮的緣故，也因為世界的緣故，請賜我們講真話所需的勇氣和愛心，如此我們才可能和睦共存，並且與袮和好。阿們。

15. 為犰狳和校園工友而感恩

Thanksgiving for Armadillos and Custodians

馬利亞懷胎所生的主啊，祢竟然從來不會厭倦祢所造的萬物，這是何等的奇妙！我們讚美祢、感謝祢，因祢豐盛多樣的創造，使我們的生活生趣盎然。感謝祢創造了一個色彩斑斕的世界（特別是包含了檸檬綠這種顏色），一個充滿差異的世界（例如裏面有像犰狳這種生物），一個不可思議的世界（例如祢的聖言以及聖禮）。* 諸如此類的奇觀令我們擺脫自戀和自大——以為萬物都要依賴我們而生、都是為我們而造。我們也感謝祢在此創造奇工之中留下餘地，使我們有所貢獻、有益於眾人。對我們這些以讀書寫作為業的人而言，我們特別為了 Annie 而感恩，她清潔我的辦公室；我們也感激 Jean、Dawn、Cedric、Sylvester、Lessie，以及 Donald，他們都是打理大小雜務的工友，因為他們的辛勤，我們才有適合讀書學習的環境，讓我們可以騰出時間專注學問。他們的好意，以及他們為我們作的工，實在難能可貴，他們的生命教我們謙卑。但願我們工作的成果，同樣可以見證他們非凡的生命。阿們。

譯註：

*侯氏為了突出被造世界出人意表的多樣豐富和千差萬別，故意將幾樣風馬牛不相及的事物相提並論。檸檬綠（lime green）非黃非綠，它的特色或許在於令人有曖昧的感覺；犰狳（粵音：求如；普通話拼音：qiúyú；armadillos）乃二〇一四年於巴西舉行的世界盃的吉祥物，是與食蟻獸同類，外貌有點像穿山甲的夜行性、穴居哺乳類動物，棲於南美的沙地和草原，科學家對牠們的認識有限，侯氏以此為例或許是因為牠們奇特的外型。這兩個例子都旨在說明，自然界的萬事萬物，跟聖言／聖經以及聖禮一樣，都是奇妙的創造，只不過基督徒對後者習以為常而「多見少怪」，不懂欣賞其神奇奧妙之處（magic）。

16. 讚美作為善功

The Good Work of Praise

叫人嘖嘖稱奇的主，祢通過一個被釘十架的木匠之子來統管宇宙，請委派我們成為祢國度裏的工人。我們渴望工作，但往往，我們的所謂工作不過是徒然勞碌。* 我們以為假如自己忙個不停，就一定是在為主作工，祢就一定在使用我們。最少，保持忙碌可以掩飾我們的無聊和沉悶。然而，祢既已交付我們祈禱這項美好的差事，我們就知道祢不欲我們終日忙亂勞累。請幫助我們，即使在繁忙之中，仍然曉得禱告，好讓我們所作的一切、我們生命的所有，都榮耀祢。當眾人都以為世界是空虛而漫無目的，我們讚美祢，因祢讓讚美成為我們美好的功課。哈利路亞！阿們。

譯註：
* 參 23 篇。

17. 上帝，可否麻煩祢暫且放下我們不管？

God, Could You Leave Us Alone?

想要完全擁有我們的主，我們向祢懺悔：像以色列民一樣，我們厭倦被祢「揀選」。能否請祢偶爾放任我們一下，讓我們自行其是？有時，「做基督徒」這個擔子太重了。生活仍舊要繼續，而我們必須為生計張羅。但是，祢總是鍥而不捨，祢總不放下我們。* 說到底，祢就是如此熱愛我們的一位神。祢出其不意地使我們從迷夢中驚醒，招聚我們參與祢對世界的夢想，成為祢的教會。我們既蒙呼召，就請祢的靈充沛我們的生命，使我們不致軟弱疲累，有足夠的活力在此刻等待，安歇於祢真理的美善。阿們。

譯註：
* 參 30 篇、47 篇。

18. 這個荒謬的世界

The Ridiculous World

以色列的至聖者，祢將亞伯拉罕和撒拉從吾珥呼召出來，祢也將教會從各邦各民之中呼召出來，求祢救我們脱離自義。祢叫我們與世界不同，好叫我們的不同能拯救世界。但我們因著自以為與世界不同，就往往輕蔑嘲笑世界，因為世界著實荒謬可笑。求祢讓我們永不忘記，我們仍屬世界，因此我們也同樣可笑。求祢用愛審判我們的鄰舍，也以愛審判我們愚昧地對別人論斷；如此，或許我們都能一同被拯救，因為我們都不過是出走吾珥這旅程中的同途人。阿們。

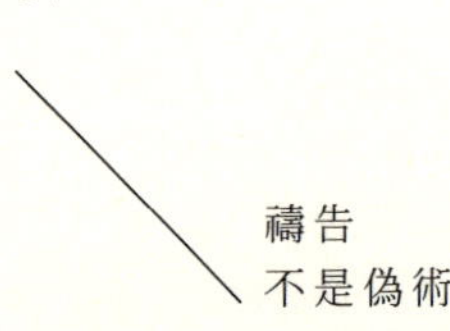

19. 請祢用懾人的恩典暴虐他們

Violate Them with Your Terrible Grace

上主啊，我們既怒且懼。我們知道祢創造我們是為了和平，可是我們的世界卻充滿暴力。在我們這個社區裏面，就有兩個人被侵犯，一個被毆打，一個被強暴。親愛的主，這些都不應該發生，尤其是在大學裏面，在一班高人一等的大學生身上。所以我們既怒且懼。求祢的安慰臨到這些被侵犯的受害者。我們也求祢的公義臨到那些加害者身上，他們的內心麻木不仁，不能感知他們對別人造成的傷害；這些人最需要祢，請祢用懾人的恩典佔有他們，恢復他們早已失去的感知。請祢叫我們活出祢的和平，讓我們不再以我們的養尊處優暴虐他人，讓我們懂得慰藉不幸的人，好使罪惡的循環休止。阿們。

20. 向那非「終極含糊」的上帝致詞

Addressing the God Who is Not the "Ultimate Vagueness"

我接到大學校長辦公室的邀請，希望我在為傑出教授而設的午餐宴會上負責祈禱。當日的嘉賓講者是著名的小說家 Reynolds Price，他同時是杜克大學英文系的教授。由於我過去經常不留餘地批判公民宗教，最初我婉拒了邀請，因為我不能夠向一個面目模糊，不能被直接稱呼為耶穌基督的天父的神祈禱。我明白在這種「公眾」場合，有不同信仰的人在場，大家都習慣用類似的公民宗教儀式，向某個面目模糊的神祇求告。但是，我重新考慮之後，通知有關單位我願意效勞。結果我用了整整一個上午才寫出這篇禱文。至於事情最終的結果，我在導言裏面已經交代了。

上主啊，只有祢才知道，在這種場合，我們該如何向祢祈禱。我們敬畏的對象不是祢，我們寧願懼怕其他人。因此，我們的所謂祈禱，其實不是向著祢的，而是向著某種「終極含糊」祈禱。祢當然曾經嘗試通過祢的選民以色列的經歷，以及耶穌的生平、受死、復活，去喚醒我們、警戒我們、震懾我們。但我們是如此狡詐、詭計多端的一羣人；我們愚頑，寧願繼續活在混沌之中被咒詛。所以我們感謝祢，感謝祢恩賜我們日用的飲食、友情、工作，這些平凡的禮物都提醒我們，我們的生命之所以可能，也是一份禮物，是出於別人的犧牲。我們特別為祢的僕人 Reynolds Price 而感恩，由於祢的恩典，他潤澤了我們的生命。* 我們祈求，我們對地位的追求，以及因為身分差別而生的互相嫉妒，都因著這眾多的禮物而被轉化，使我們彼此的服事可以榮耀祢。阿們。

譯註：

* Reynolds Price（1933～2011）是知名美國作家，在杜克大學畢業，又在母校任教逾半個世紀，一直對聖經研究有濃厚興趣，著有：*Three Gospels*（New York: Touchstone, 1996）。他自稱是一個「被放逐」的基督徒（an outlaw Christian），不時在創作中加入信仰元素。他曾開課教授福音書，並要求學生重撰自己心目中的福音故事。Price 是個公開的同性戀者，卻終身獨居。他在一九八四年患癌，從此下半身癱瘓；他事後憶述，在病中曾經歷異象，在加利利海上與耶穌相遇。此禱文的場合應是 Price 於一九八七年獲大學頒發傑出成就獎的午宴。

21. 將我們從自戀中釋放

Free Us from Self-Fascination

全能的上帝，我們說我們希望事奉祢，我們說我們希望幫助那些比我們不幸的人，我們說我們渴望公義。但實情是，我們只想擁有權力和身分地位，因為我們極為渴求被愛。求祢將我們從自我迷戀，以及因焦慮而衍生的過度活躍中釋放出來。如此，我們才能成為我們口中所說，我們希望成為的那種人——因為被祢所愛，於是就能以捨己的精神去服事他人。阿們。

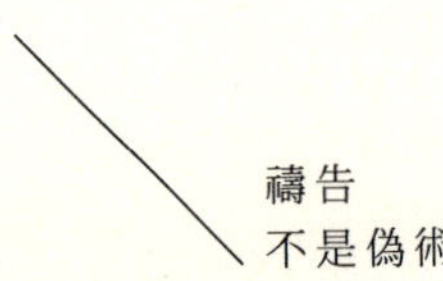

22. 望之不似人君的統治者

Faltering Rulers

宇宙的主宰，祢使我們作祢的奴僕，卻視我們猶如祢世界中的帝后。可是，坦白說，我們從不感到自己是世界的主人。我們不單對我們想做的無能為力，我們甚至不知道自己想要甚麼、應該要甚麼。講得更直接一點，我們連自己的生命也掌管不了。結果，我們令祢失望，我們有負於在基督裏的弟兄姊妹，以及在世界裏的其他弟兄姊妹，甚至對不起自己。求賜我們聖靈的火熱，讓祢的愛充滿我們，好叫別人被祢的國度吸引。作為被祢統領的百姓，讓我們以對世界的服事，去見證祢管治的方式。阿們。

23. 活在真正的時間

The Only True Time

掌管時間的主，祢進入歷史，呼召亞伯拉罕和撒拉成為我們的先祖。我們向祢承認，實在未曾肯定自己是否預備好面對這一切。我們感到自己的生命猶如叢林中的迷途者，來回往返於重複的路徑，不辨去向、不知出路。我們親手推倒自己過去所建立的，然後抱怨生命漂泊無根，一事無成。我們忙得樂此不疲，但恐怕我們的勞碌只為分散自己的注意力，使我們暫忘自己已經迷失，不知身處何方。＊求祢幫助我們花時間停下來休息，因為基督的復活已為我們更新了時間；我們相信，在復活的時間裏活著，才是真正的活著。求賜我們寧靜安穩。阿們。

譯註：
＊參16篇。

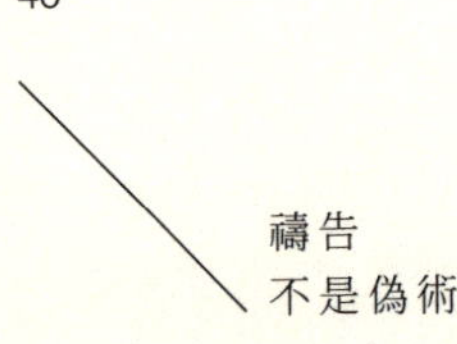

24. 因上主的款待而得救

Saved by God's Entertainment

親愛的主，祢以祢國度的奇妙來款待我們、拯救我們，請幫助我們明白當中的奧妙，並成為祢的奧妙，使我們成為祢達致和平的器皿。祢賜我們生命，奇妙且令人驚歎的生命，因為當我們愈懂得放手，我們的生命反而愈充實。幫助我們懂得，祢所賜的生命，不像一個此消彼長的零和遊戲。愛，不會因為我們付出而消耗；反之，當我們愈肯犧牲，愛就愈發增長。能成為祢的子民，真是何等奇妙的事！阿們。

25. 作稱職的和平使者

Worthy Agents of Your Peace

拯救我們的主，請將我們從自己的心硬中釋放，挪開我們的自負和矯飾，除去一切障礙我們見證祢溫柔的愛的攔阻。使我們成為祢稱職的和平使者，即使我們互相爭辯，但世人仍然會說：「看，他們是如此地彼此相愛。」阿們。

26. 神學成為支配上主的手段

Theology as a Way to Control You

向我們顯露的主、令人敬畏的主，祢的啟示不可思議。請寬恕我們竟斗膽去支配祢、佔有祢。祢為自己的緣故創造了我們，這已經使我們難以置信，更遑論要按此而活。於是我們在祢所造的世界橫行無忌，彷彿我們真的懂得祢的心意、真的認識祢。神學就成為我們嘗試去掌控一切的手段。主啊，我們甚至想以此支配祢。* 所以我們向祢求謙卑，因為我們最終無法逃避一個事實，就是祢決然要我們成為祢的子民。這是何等的非比尋常！阿們。

譯註：
* 參 67 篇。

27. 暴烈而又親切的主

Fierce and Friendly Lord...

暴烈而又友善的主，我們常感寂寞，但就在這所大學裏、在這課室內，我們竟發現原來已經與一些人成為朋友，但自己卻不認識他們。我們其實並不孤單，這個發現使我們既驚且喜。與別人分享生命，意味著我們或會失去自我。求賜我們恩典，讓我們明白：凡不與人分享的，就得不著生命。聖父、聖子、聖靈，請按祢們的樣式陶造我們，使我們作祢匹配的見證，讓人看見我們因為被祢看為友伴而得的喜樂。阿們。

28. 感謝祢搗亂我們的生活

Thank You for Unsettling Our Lives

全能的主，那從馬利亞身上可窺見的榮美，迫使我們注目於祢。求賜我們一顆因祢救恩的好消息而躍動的心。我們向祢認罪，在單調乏味的日常生活之中，連我們對祢的敬拜也變成例行公事，不過是生活中額外的「另一宗差役」。感謝祢搞擾了我們的生活，使我們發現天國的榮光，這都是因聖子耶穌基督而得以成全的。求祢常與我們同在，就算我們意圖去馴服不羈的聖靈，也必不得逞。阿們。

29. 與雞和平共存的懇求

A Plea for Peace with Chickens

一切生命的主宰，我們求祢賜我們耐性，使我們可以停止所有的行動，去見證祢創造的美好。幫助我們與祢所造的世界和睦共處，特別是與教會內外的弟兄姊妹和睦共處。幫助我們與那些異於人類的其他被造物和睦共處，包括狗、豬，甚至 —— 求主憐憫 —— 雞。* 請幫助我們，讓我們能夠與自己和睦共處。阿們。

譯註：
*侯氏在禱告中特別提到雞，除了可能是刻意幽默外，大抵因為雞是被人類大量食用的禽畜，而且現代工廠式的飼雞方法甚不人道。

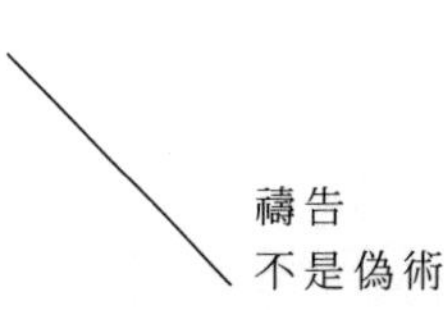

30. 祢無時無刻的同在使我們疲倦

Your Unrelenting (and Tiresome) Presence

親愛的主，我們得向祢懺悔，祢無時無刻的同在，使我們筋疲力盡。* 我們的生命被兩股勢力拉扯：一方面，我們似乎要按祢對我們的要求而活；另一方面，我們對自己的缺失太有自知之明。請幫助我們醒覺，知道不值得為自己的不足而妄自菲薄。讓我們因成為祢的子民、被招聚成為祢的教會而感恩，為我們當得的勝利而歡慶。阿們。

譯註：

*參 17 篇、47 篇。

31. 畏懼與恨惡的德性

Virtues of Fear and Hate

真光之主，求祢照進我們的黑暗，教我們知道，即使這個世界被罪扭曲，但它仍然屬於祢。求賜我們勇氣的德性，使我們可以正確地畏懼我們所應當畏懼的。求賜我們慈愛的德性，使我們可以恨惡我們所應當恨惡的。求賜我們審慎的德性，使我們可以分辨甚麼應當畏懼、甚麼應當恨惡。為此我們祈求我們能學懂彼此信任，因為我們不可能單獨一人而達成忠信。阿們。

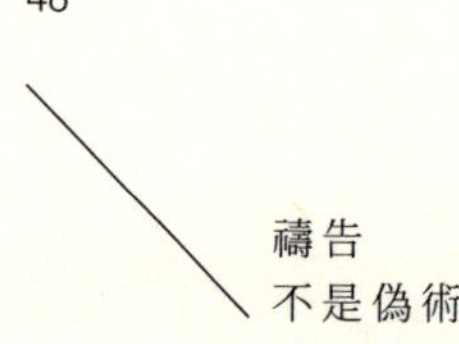

32. 讓我們被看見、讓我們成為真實

Make Us Visible, Make Us Real

肉眼所不能見的主，因祢慈愛的大能，祢讓我們看見平時我們視而不見的，就是那些窮人、農夫、外來者、死者的軀體。求祢讓這些人闖入我們的生命，因為祢曾經承諾，祢會藉著他們與我們同在。讓我們也被別人看見，讓我們的存在成為真實；讓我們能與人同情共感，因為如此，我們才懂得思考；讓我們能與人同哭，如此，我們才能與人同歡。願祢使別人見到我們是屬祢的子民、祢的光，是祢所喜悅的。阿們。

33. 免被屠宰的羊

Sheep Gathered from the Slaughter

宇宙的主宰，萬事萬物都在祢的引導之下，至大無外、至小無內。我們感謝祢為我們創造了一個特定的空間，並教導我們，這空間謂之教會。我們是被祢救贖、免被屠宰的羊，世人因此曉得殺戮不是人的本性，被別人宰殺也不是人注定的命運。請讓我們學習彼此為友，並在互相扶助當中認識祢的真理。阿們。

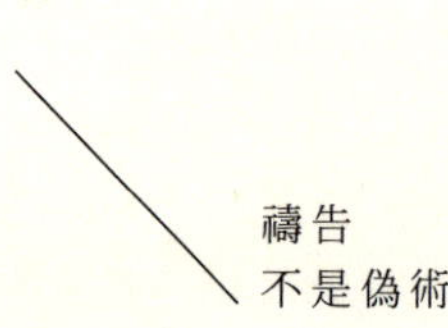

34. 向搞笑之王祈禱 *

A Prayer to the Jester King

風趣的主、諧角之王，祢無疑是位古怪莫測的神。祢委託我們如此這般的人去繼承祢的國度，足證祢的幽默感異於尋常。然而我們為祢如此搞作而暗喜，深信我們是被招聚去經歷天國的奇遇。請讓我們如聖靈一樣活潑、一樣有趣，好令別人被祢的創造奇觀所吸引。阿們。

譯註：

* 原文的 "jester" 是指中世紀宮廷內的小丑，或所謂「弄臣」。姑且在標題中採用比較地道的「搞笑」以保留神韻，禱文則避免了太通俗的用語。上帝用教會向世界開了一個大玩笑，是侯氏慣用的主題，參68篇。

35. 為信仰的先輩感恩

Thanksgiving for Those Who Preceded Us

我們的天父，祢通過為我們預備美好的先行者，使我們得著養育照顧。我們為這些走在前頭的先輩而感恩。無論他們在忠信上是否完全，假若當初沒有他們，也不會有今天的我們。通常我們對他們生命的全貌所知不多，但從他們身上，我們傳承了作為祢子民的那份驚喜。願我們也能夠培養出從祢的盼望而生的下一代，可以延續祢對世界的盼望。阿們。

36. 祢暴烈的愛教我們謙卑

Humble Us through the Violence of Your Love

滿有恩慈的主，請用祢暴烈的愛叫我們謙卑，教我們知罪，懂得悔改。即使犯罪，我們也不希望自己的罪枯燥乏味，但是 —— 求主寬恕 —— 我們的過犯卻如此千篇一律：嫉妒、恨怨、卑鄙、傲慢、自我中心、惰懶、無聊、説謊、色慾、吝嗇，諸如此類。祢將我們從這些「諸如此類」的大小罪行中救拔出來，成為祢尊榮的百姓。世人就會看見，祢已經勝過令我們成為平平無奇的罪人的那股勢力。請用祢生命的榮美抓緊我們的目光，因此我們就能如其所如地看見罪的醜惡。主啊，被祢征服是何等奇妙！阿們。

37. 為被打倒的敵人祈禱

A Prayer for Defeated Enemies

謙卑虛己的主，求祢的恩典使我們有這樣的風度，不要因為祢的仇敵被挫敗而幸災樂禍。我們承認自己沒有足夠的謙卑去表現出這種雅量，所以求祢必須幫助我們。肉身的創傷最真實，所以我們往往渴望能夠徹底摧毀那些假正義之名而傷害別人的人。但祢既已呼召我們作祢和平之子，雖則我們老不願意，但求祢仍然幫助我們活出祢的樣式，並在努力嘗試當中，學懂愛祢。阿們。

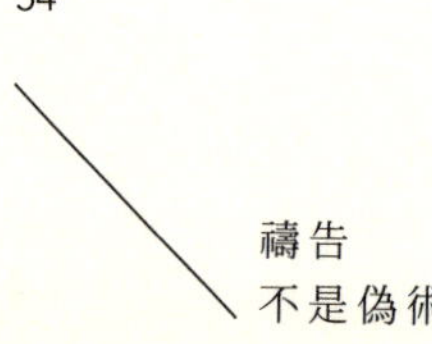

38. 我們佯裝虔誠

We Play at Being Faithful

公義之源，在祢面前，我們深覺不配，惟有向祢懺悔我們所有的罪。讓祢發現我們的真面目，是何等令人驚懼。我們好想討祢的喜悅，所以我們將本性隱藏。我們假扮出信心堅定的模樣。可惜，這樣只會使我們所犯的罪更深。然而，祢卻寬恕我們，而祢寬恕的方式不是單單將我們的過犯一筆勾銷。祢使我們歸屬於祢，同時釋放我們，使我們不再沉迷在罪中。被祢寬恕是多麼美好的事。阿們。

39. 肆無忌憚地認罪

The Presumptuous Confession of Sin

滿有恩慈的上主，求祢寬恕我們，因為我們將悔罪而得的寬恕視為理所當然。若非有祢的恩寵，我們甚至不知自己有罪，更不會曉得認罪。這份恩典雖有復原治癒之功，但也同時傷害我們的自尊、戳穿我們的偽裝；為此我們加倍地感謝祢。求祢帶我們告別對己身眾罪的沉湎，進入與祢、與他人成為友伴的親密而奇妙的團契。阿們。

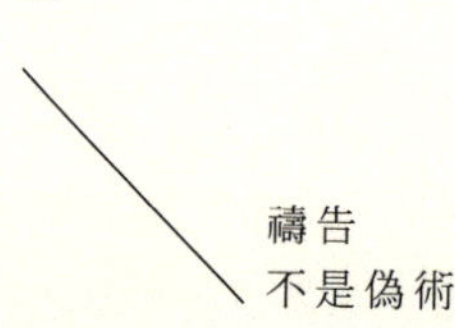

40. 使我們專心主道

Make Us Attentive to Your Words

道中之道，一切寶貴知識的源頭，請祢幫助我們時刻留心專注祢的話語。祢叫我們成為一羣靠聖言而活的子民，我們知道只要一息尚存，我們都要記念祢，我們乃靠記念祢而活；更因為有祢的記念，我們方能存活。因為過去不少聖徒的赴死，我們今天才得生，願我們對他們永不或忘；因為他們，我們才能聽到祢的話語、才能按祢的道而活，得以承受恩典。能夠成為祢的僕人是何等奇妙！阿們。

41. 經得起困惑的單純

The Simplicity to Be Confounded

偉大的上主，請祢親自使我們謙卑，得以聆聽主道。祢恩賜聖經，並在當中啟示自己，為此我們感謝祢。祢的話語豐富，我們為要去尋求祢話語的意思而雀躍。求祢賜我們單純的心，讓我們因祢的話語而心緒不寧、晝夜思想。阿們。

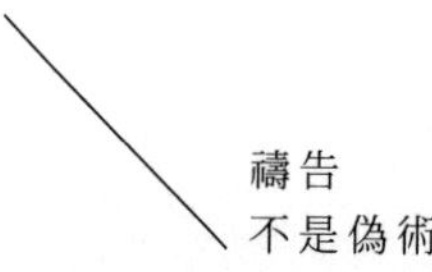

42. 賜我們童心

Make Us Children

智慧之主，我們為耶穌基督 —— 祢的道 —— 而感恩。請用祢的道光照我們的身心，使我們能透過祢所造萬事萬物的反照，得見祢的榮光。特別幫助我們不要忽略那些最受孩童鍾愛的，偶拾而得的小石、小花、小狗、小鳥等。請讓我們猶如小孩，懂得享受祢所造的世界，懂得欣賞祢白白賜予的這一切禮物。阿們。

43. 救我們免於濫用來自祢的權能

Save Us from Abusing Your Power

為著基督的緣故，求上帝祢賜我們成為祢僕人所需的力量。我們是祢福音的大使，蒙召事奉祢；祢所賜的權能，原是叫我們有力量服事；但我們向祢認罪，我們因祢所賜的權能而膽怯懼怕。所以我們求祢，使我們以服事彰顯來自祢的喜樂；因為只有常存喜樂，我們才能從每天遇見的脅迫和暴力中得釋放。感謝祢差派我們成為祢國度在地上的代表。阿們。

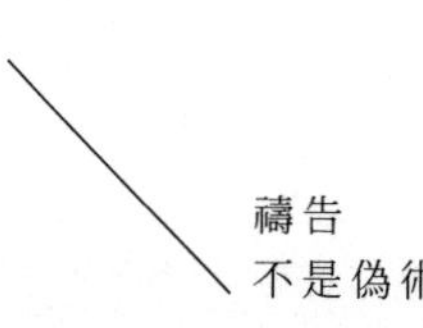

44. 救我們脫離虛幻的抱負

Save Us from False Ambition

主啊，我實在太忙碌。有太多的人、太多的問題、太多的事情要我們去應付。我們向祢認罪，我們因為害怕承認人生的空虛而令自己時常保持忙亂。* 在這種無事忙之中，我們如何得以歇息？我們何來時間敬拜祢？求祢賜我們空間（例如可以是其他人），† 讓我們騰出時間，讓我們以時間服事祢。求祢催迫我們通過祈禱得安息，以致我們的所愛所懼都在祢裏面完全。幫助我們看到這些繁忙事奉的本相，正如幫助我們看到，我們真正需要的是安息，我們真正需要的是敬拜。最後，至關重要的是，救我們脫離虛假的抱負和野心。阿們。

譯註：

* 參16篇、23篇。

† 面對他者的存在，個人的生活世界就即時騰出空間。另參56篇。

45. 祢的國度精力充沛

The Lustiness of Your Kingdom

令人親近、使人信服的主，請祢以自己的榮美吸引我們，使我們的生命發亮、映照出祢可敬畏之處。我們向祢懺悔，太多時候即使我們發光，我們也不過是因恨怨或者慾望而燃燒自己。我們自知無法擺脱這些消耗我們的力量，所以我們求祢賜我們忠誠的友伴，由他們幫助將恨怨和慾望化成愛。我們為自己有形的軀殼而欣慰，因祢不願我們只是飄浮的靈魂。願我們放膽去愛自己的身體，也毫無顧忌地愛一切有形的被造物，* 因此別人就會見到祢國度裏面的生機蓬勃。阿們。

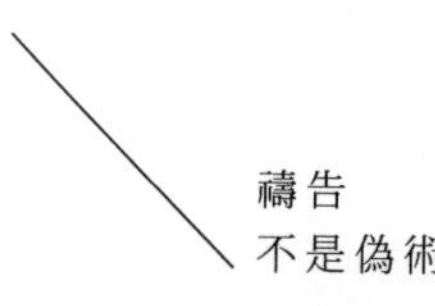

譯註：

*此禱文針對的是信仰傳統中對肉身慾念的厭惡、對物質世界的輕蔑，這些想法顯然與正統的創造論、救贖論、終末論不相符。侯氏祈求上帝使我們勇於以身體去愛、也勇於愛惜（自己和別人的）身體（bold bodily lovers）。這並非如某些身體神學（body theology）般一面倒高揚肉身（和性愛／性慾），而忘記現世的軀體是處於一種墮落、犯罪，又同時被罪（sinned against）的狀態。我們所盼望的終極救贖，不是脫離這副可朽壞的殘軀，成為無形無體（ethereal），而是換上不可朽壞的身體。於是，學習在此世與我們的肉身存在（embodiedness）泰然自處（coming to terms with），就需要莫大的勇氣，並承受風險；正因為恩典不能脫離身體，罪與惡亦復如是。另參83篇。

46. 在大選日祈禱

A Prayer on Election Day

掌管一切權柄的主，我們何其愚昧，滿以為懂得揀選最合適的人來管轄自己，並視之為自治。* 我們今天又要為此張羅。幫助我們，叫我們不要將此事看得過於重要；但同時求祢賜智慧給我們，以及那些被我們推選出來的人，叫我們都懂得承認自己的愚蠢魯莽。請幫助我們學懂自嘲，因為失去幽默感的政治，就是喪失人性的政治。我們渴望支配別人，因此就落得被人支配。親愛的主啊，請釋放我們，否則我們必至滅亡。阿們。

譯註：

*從政治理論而言，代議式民主機制的弊端是：從大選投票，到議會內的表決程序，都是一種會讓人民過度消費個人偏見的制度，令無知成為主流；從倫理角度，民主鼓勵自我放縱（self-indulgence），將自我中心無限放大，變成集體的自利主義，因為它沒有要求人民先去檢視甚麼才是他們（無論作為個人、家庭、社羣，還是國家）**真正**需要的。侯氏對自由民主制度（即資本主義與代議式民主的有機結合）的批判，遍於其著作，在此不贅。他主要是想追問：這種制度能否鼓勵、教授、領導、有利於人民過共同的德性生活？他的立場並非說民主制度一無是處，更不是「反對」，或要「推翻」民主；不過，代議式民主顯然不是惟一的，或最好的民主制度。他祈求信徒不要將民主看得過於其實（not more significant than it is），意思不是說民主不重要，而是不要將世俗的民主政治，看得比教會所應活出的政治更優先、更重要。

47. 祢毫不吝惜的接待

Your Unrelenting Hospitality

親愛的主，只有祢能體會何謂孤單，因此也只有祢明瞭我們生命中的怖慄。事實上，祢比我們更認識我們自己。求祢讓我們懂得用祢的眼光看自己，如此我們就不再覺得不被了解。我們當中有些人，是在生命中迷失的、被遺棄的、被朋友孤立的、感覺與祢隔絕的，求祢與他們同在。求祢以不止息的親切接待醫治我們，* 叫我們能夠打破人與人之間冠冕堂皇的圍牆，就是所謂的自由和權力。幫助我們，讓我們願意敞開生命被別人觸動，也讓我們懂得在不傷害別人的情況下觸動他們的生命。我們知道這一切之所以成為可能，是因為祢藉著祢聖子的道成肉身和所流的血先尋著我們，為此我們感謝祢。阿們。

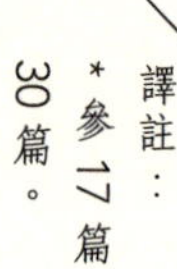
譯註：
* 參 17 篇、30 篇。

48. 不要確據，只求喜樂

Not Certainty, but Joy

主啊，惟獨祢擁有真理，祢知道我們多麼渴望在自己亂七八糟的人生之中，把握到確實的真理。我們以為，只要我們得著那不能被懷疑的知識，或者一種有明確方向的生存方式，又或是一些值得我們義無反顧地信任的友伴，我們就會心安理得。可是，這些我們一心追求的知識智慧、生存之道、彼此的信任，都不過反映我們生命的無奈和絕望，而不是見證祢的榮耀。因此，我們不再祈求心安理得，只求活出喜樂；因為我們已經洞察到，是祢首先尋找我們，並且早已賜下生命之道，指示我們如何在混亂迷茫之中摸索前行。我們還能求甚麼？阿們。

49. 彼此委身的膽量

The Audacity of Commitment

教授基督徒倫理，論到婚姻，課前的祈禱。

永不離棄我們的主，祢的信實使我們畏懼。我們所渴慕的，不過是一些更隨時隨地、更率性而為、不必過分認真的愛。偏偏，祢呼召我們成為堅貞不屈的愛侶，能夠向彼此承諾「一生一世，至死不渝」。能夠讀出這樣的盟誓，簡直是一種神蹟，因為只有祢才能給我們足夠的勇氣，去如此向對方許諾。感謝祢給我們這份膽量，我們更祈求自己可以信守承諾、忠貞不二，就如祢待我們一樣。阿們。

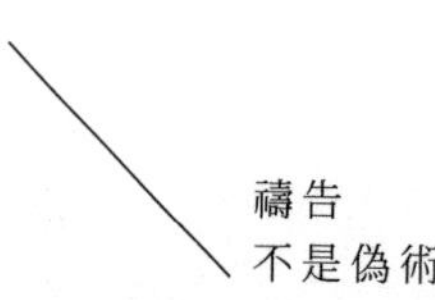

50. 拆穿謊言的真理

The Truth That Reveals Lies

主啊，祢的真理滿有大能，請祢使我們成為說真話的人，使我們所發的言語都出於對祢的服從，好叫世人從我們的生命，就知道祢。我們身處的，是被語言偽術征服的世界；可是，若不用語言，又如何宣講真理？求祢在我們內裏動工，以祢的聖言勒住我們的舌頭；讓我們所講的，拆穿一切謊言。我們既蒙召事奉祢，就求祢賜我們勇氣去信靠祢，因我們知道祢所分別出來的子民，不可能謊話連篇，怯於口說真言。阿們。

51. 孩童宛如福音

Children as Gospel

親愛的主，子女就像好消息，向我們宣佈祢拒絕放棄祢手所造的。祢賜我們孩子，幫助我們抵擋這個世界的黑暗、不義、暴力，使我們不再因為覺得世界不能沒有自己而忙個不停。小孩是從祢而來的奇妙禮物。我們為 Adam、Sarah Austin、Katie、Gabriel、Joshua Paul、Andrew Thomas、Joel 和其他的孩子而感恩。* 多得祢這些孩子，我們的生活被徹底搞亂，祢通過他們教曉我們，甚麼才是我們當所欲求的。就像聖子是祢的延續，兒女也是我們肉身的延續，因為有了他們，我們就學懂耐心盼望。感謝祢讓我們成為祢滿有喜樂和信心的兒女，敢於迎接自己的兒女來到世界，但願我們這樣做，是出於仿效祢，因為祢就是如此將我們迎進世界。阿們。

譯註：

* 侯氏所指的「孩子」(children)，應該不限於自己的親生子女。參禰智偉：〈養兒育女是教會的社會使命？侯活士對現代家庭觀念的神學批判〉，《山道》，第二十七期（2011 年 7 月），頁 127～144。

52. 暴烈的主，祢的和平使我們驚懼

Ferocious God, We Fear Your Peace

暴烈的主，祢的和平使我們驚懼。雖然我們口裏說渴慕和平，但我們承認，戰爭和暴力更能刺激我們的想像、更吸引我們的心神。請以祢的愛轉化我們，令我們的暴力失去作用。求把我們從自己的恨愛之中救拔出來，因為這些暴烈的情緒皆是暴力的溫牀。我們願見祢的和平降臨，但和平不會按我們的意志而發生，因為只有祢透過聖靈，能把我們安頓在祢的和平當中。所以，求祢的靈火燃燒我們，好叫世界被祢那復和萬有的國度所充滿。阿們。

53. 為戰禍罹難者求憐憫

Mercy for the War-Dead

親愛的主，我們跟前屍骸遍野，有死去的伊拉克人、科威特人、庫爾德人、克羅地亞人、斯拉夫人、薩爾瓦多人、美國人、巴勒斯坦人、以色列人、猶太人、小童、基督徒 *，他們通通都死了。我們替這些因戰亂而喪生的弟兄姊妹求祢的憐憫恩慈。我們同樣為自己求祢的憐憫寬恕，因為我們失敗了，我們既未有活現祢的和平，亦無力止息爭戰。求祢救我們，因為我們的想像力已經被權勢所俘虜，以為除了戰爭別無他法。我們深知道不能靠自己的意志，發現達致和平之道，因為每當我們嘗試如此做，我們總是落得用戰爭的手段來實現和平。請用祢的愛催迫我們，使我們成為祢在地上的和平，使我們能為這個生命不斷受威脅的世界帶來生機。阿們。

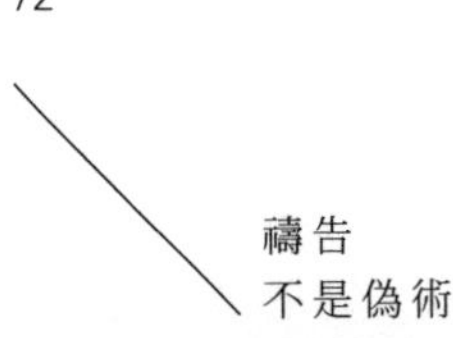

譯註：

*在當代所謂和平時期（二次大戰之後），戰亂和武裝衝突沒有真正停息，而美國這個所謂「基督徒國家」總是直接或間接，或多或少屢次牽涉其中，因而手上沾血。

54. 非要踏上這段旅程不可嗎？

Do We Really Have to Make This Trip?

基督徒倫理課開始討論關於「差遣」的部分，為此而作的祈禱。

亞伯拉罕、撒拉、以撒、利百加、雅各、路得、馬利亞的神，祢藉祢愛子耶穌基督將我們呼召出來。祢的聖靈用火雲引領我們的路。我們問祢：「非要踏上這段旅程不可嗎？」我們才只不過剛剛開始掌握「如何過敬拜生活的竅門」，祢就已經對我們說，要起程動身了。但我們根本不知道該往何處去、有何處可去。請幫助我們記住，正如聖維克多的許果所說：「一個人如果安於故鄉的甘甜，他仍舊是個稚嫩的初學者；而當一個人能夠視每一寸地土都猶如故里，他就已經算得上是個強者；但當一個人把天地都視如異鄉，他應該是個完人了。」* 所以，我們願意向世界出發；但請提醒我們，我們不是孤身上路，也不能夠孤身上路，祢使我們成為祢的友伴，也使我們成為彼此的友伴。幫助我們信任這份友情，因為我們知道，祢將要在那未知的境地與我們相遇，所以我們需要靠著這份友誼同往。主啊，能夠成為祢的子民，是一件令人精神為之一振的樂事。我們讚美祢，因祢恩賜我們這份奇妙的使命。阿們。

譯註：

*聖維克多的許果（Hugo of St. Victor, 1096～1141）生於中歐古國薩克森公國（Duchy of Saxony），是律修會教士。侯活士所引的，是他被歷代傳頌的金句，出自其教導基督教基本信仰內容的初學者手冊*Didascalicon*，原意是講：一般人只著眼和鍾愛世界中屬於自己的一小角，強者卻四海為家，能夠愛世界的全部，但真正完全的人，可以拋卻對現世之愛。已故著名巴勒斯坦裔美國學者薩伊德（Edward W. Said, 1935～2003）就曾挪用此句，討論同胞的流散生活，參Edward W. Said, *Orientalism*（New York: Pantheon Books, 1978）, 259。

55. 縱無玫瑰園，可否給我們幾朵雛菊？

No Rose Garden, but How About Some Daisies?

神學院其中一員做了一些令人髮指的惡事，教這個羣體蒙羞，為此而作的祈禱。

令人摸不著頭腦的主，祢從未向我們應許玫瑰園，但此時此地，幾朵雛菊或百日菊正好合用。* 我們感到迷茫，不知身在何方，更因為一件惡事的發生而憤怒，可是我們卻不知道應該怪罪誰。應該有人要為此而負責，但是作惡者雖則罪有應得，卻也其情可憫，向他追究到底也似乎於事無補。我們只能反躬自省。請祢使我們成為一個能說真話的羣體、滋長友誼的羣體、為完成祢所託付的善工而歡喜快樂的羣體。幫助我們知所行止，因為我們相信祢已經在祢的故事裏面為我們安排了角色，這是創世以來最精彩的故事，**也就是創造的故事本身**。成為祢的子民是何等美事。阿們。

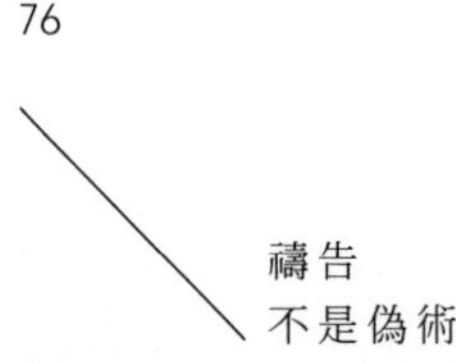

譯註：

*梵高（Vincent van Gogh, 1853~1890）有多幅畫作均以百日菊（zinnias）和雛菊等為題材，侯氏或者取其意象作為安慰。雛菊的花語包含純情高潔之意，大概可以為灰暗蕭瑟的氣氛略添色彩，憂鬱的心靈稍被提振；相較之下，鮮豔的玫瑰反而過火。可以想像，當時的情景是，羣體中有人犯罪，但既不能過分怪罪作惡者，與其劃清界線，亦不能代其認罪。眾人的心情沉重，既羞且怒，無言以對，只能向上主祈禱。

56. 在愛裏生命何其甜美

Life Is Sweet When We Are in Love

愛我們的主，若失去了所有的朋友，我們還可以在何處立足？實際上，我們將無處棲身。假如世上別無他人，而我佇立其中，將無法辨認出這世界就是祢手所造的；世界只會是一處教人倍感孤寂的地方。但祢將我們一個一個安排在彼此的周圍，因此我們就不得不承認別人的存在。* 彼此摩擦的身體、互相的吸引、雙方的認同肯定、友情、愛情，這些都是令人既興奮亦害怕的事情。人生在世，沒有人是孤伶伶的。祢把我們創造成感情豐富的動物，渴求別人的同在。祢盼望我們成為祢的友伴，因此我們亦學會成為彼此的友伴，甚至我們能夠與自己交朋友，懂得與自己的真面貌相處。當我們彼此相愛，生命就變得甜美。我們讚美祢，因祢為我們安排了對方。阿們。

譯註：

* 參 44 篇。

57. 加給我們盼望，使我們能夠等候

Give Us Hope So We Can Wait

親愛的主，請用來自祢的盼望，貫透我們的身心，讓我們能展現對祢國度的熱誠。求賜我們猶如孩童的精力，像他們一樣，對生命充滿好奇。感謝主，祢為我們安排了必須完成的功課，是美好的、帶來希望的任務。因此，我們的生命就不是一張瑣碎雜項的清單；我們的生命有了目標。但請祢同時給我們來自祢的耐性；讓我們被謙卑管教、約束，知道一切都在乎爾旨成全。太多時候，我們的盼望變成了盲目樂觀，然後落空的願望生出灰心絕望，灰心絕望又生出憤世嫉俗。請讓我們學習像以色列般忍耐，可以恆常喜樂地耐心等候，我們的盼望就得以保存、不至落空。相信這就是祢賜給我們子女的原因，因為他們是盼望的確據，需要我們以無比的忍耐待之。* 請賜我們盼望，好叫我們能等待。基督已死、基督又已復活，基督必將再來。阿們。

譯註：

* 參 51 篇。

58. 我們對猶太人的妒忌

Our Envy of the Jews

在贖罪日所作的祈禱。*

宇宙的主宰，精力無窮的神，今天祢和祢的以色列民同慶受造世界的生日，也就是祢的子民重新被造的日子。他們靠著悔改認罪、在聖潔上甦醒而被更新。親愛的主，請寬恕我們所犯令人遺憾和震驚的罪，我們作為基督徒，竟逼迫祢的子民。因為嫉妒是不受控制的。求祢叫我們謙卑，約束我們的仇恨，叫我們悔改認罪、重新成為聖潔；如此，我們才能被拖帶進入祢的未來。無論是基督徒，抑或猶太人，都可以因著對祢的同一份愛合而為一。阿們。

譯註：

＊贖罪日（Yom Kippur）即猶太曆法每年的七月初十，是全年最神聖的日子，由摩西和亞倫所立（利十六29～34）。

59. 日常生活的快樂與驚駭

The Joy and Terror of Routine

感謝主，感謝祢賜我們平凡的生命。我們享受從日常起居作息而來的簡單樂趣，無論是吃早餐、來上課，還是同學習，這些祢恩賜的時光都是美好的。幫助我們不要忘記，在我們周圍，甚至就在我們習以為常的安穩生活裏面，充滿膽戰心驚的事。當我啃著貝果麵包的時候，* 不遠處就可能有人在捱餓。我當然不願看見世界是這個模樣，但我不知道怎樣才可以改變世界。在這種無助之中，我刻意忘記別人的飢餓，好讓我可以安然地繼續吃完我的貝果麵包。主啊，請祢讓我們記念別人的缺乏，幫助我們學習如何分享，如此眾人就知道祢國度裏的豐足飽滿。阿們。

譯註：

* 貝果麵包（bagel）是流行的快餐食品，來自波蘭的猶太人將之帶到美洲大陸。

60. 無法擺脫這位會流血的神

Stuck with a God Who Bleeds

為我們流血的主，祢太真實了！血令人感到黏答答、噁心、嚇人。我們老大不願意與一位用自己的血獻祭，犧牲自己的神為伍。我們寧願要一種純粹屬靈的信仰，追求一些無生命氣息或抽象的東西。我們只講犧牲精神，不願見真正受難的屍骸。但祢用祢以色列民所流的血，以及聖子耶穌的血來塗抹洗擦我們。* 作為歸屬耶穌的子民，我們恐怕，有朝一日自己也一樣要為祢流血。可是，假如這是我們的命運，我們祈求爾旨得成，而不是按我們的意願而行。阿們。

譯註：

* 侯氏刻意用了不尋常，甚至不合文法的造句。所謂 "But you have bloodied us with your people Israel and your Son"，另可解作「將祢以色列民所流的血，以及聖子耶穌的血，都算在我們頭上」。

61. 一羣破碎的人

Fragmented People

聖潔的主，當我們來到祢的跟前，我們是一羣殘破不全的人。我們的生命被切割成大塊小塊，而我們不知道它們拼湊起來，是否就算是一種完整的人生。我們一時間努力建造的，轉眼自己又去拆毀。主啊，這個向祢祈禱的我，到底是誰？主啊，當我們向祢祈禱，我們到底又身處何方？奧古斯丁曾經講過，我們的生命躁動不安，除非在祢裏面找到安頓。但我們難以感受到「與上帝同在的躍動」，*類似的想法只會令我們更加迷茫混亂。聖潔的主，求祢使我們的生命變得連貫一致，並且與別人的生命同步。求祢將我們的生命那些殘破不全的碎片，那些零碎的渴求，編織成整全的生命，以致我們能夠說：「由始至終，親愛的主，祢都與我同在。」幫助我們去正確忠誠地記憶、熾熱地盼望。如此，我們的生命就能反映祢的國度正不斷推展的方向和目標；如此，我們就以彼此的生命反映出祢的聖潔，而世界就會說：「他們是屬上帝的子民，你看他們是如何地彼此相愛。」阿們。

譯註：*侯氏所講的“divine restless-ness”，字面上亦可意指「神聖的不安」。

62. 幫助我們願意向人求助

Help Us Cry for Help

有福的三一上帝，祢招聚我們，叫我們不致孤單。因祢的旨意，我們才懂得享受別人的同在，為彼此的存在而歡欣。正如祢是三而又一，父子靈之間完全地密契分享，而彼此不相混淆，祢也將我們造成能夠相愛，而無需懼怕在愛裏會喪失自我。但我們總是想方設法將自己放逐到孤寂的地獄。我們幻想能夠創造自己，靠自己成就自己，於是我們就孤芳自賞，自鳴得意地感覺良好。當我們能夠蒙騙別人，叫人相信我們真的掌握自己的生命，我們就連自己都信以為真。偉大全能的主，請幫助我們擺脱這種獨行其是，讓我們懂得向別人求助。如此，我們就會驚歎原來屬祢的人是如此樂於分享。能夠成為祢的子民是何等的喜樂！阿們。

63. 祢的聖徒惹笑

Your Saints Are a Funny Lot

從馬利亞所生的主，求祢叫我們謙卑，以致我們也能夠說：「情願照祢的話成就在我身上。」* 我們往往以為能靠著自己的決心而變得謙卑，因為我們根本不信任祢會照護好祢所造的世界；所以，就需要有人代替祢保證世界不會出亂子。感謝祢以祢的聖徒圍繞我們，祢藉他們的生命提醒我們，祢是怎樣作工的。祢的聖徒是一羣惹笑的人物，各異其趣而又不可思議。他們令我們像撒拉一樣忍俊不禁；† 就是在這種一同分享的笑聲中，我們發現謙卑的意義。主啊，我們在祢面前成了一台戲、讓祢樂在其中，世界或許因此就少一點罪惡。阿們。

譯註：
* 參路加福音一章38節。
† 參創世記十八章12至15節，二十一章6節。

64. 我不想我的敵人被原諒

I Do Not Want My Enemies Forgiven

寬大的主，我不想我的敵人被原諒，我希望祢消滅他們；就如詩篇裏面，詩人有時也會這樣祈禱！事實上，我更寧願祈求祢懲罰他們，而不是對他們趕盡殺絕，因為我想親眼看到他們受苦。何況，我也害怕失去我的敵人，因為我心中的恨意，比我其他的愛，彷彿更寶貴，使我更不能割捨。假使我不再懷恨，我的敵人也通通消失，我還能夠知道自己是誰嗎？可是，祢執意要我們學會與人和好，叫來自基督的和平可以被我們傳揚開去。這樣的要求實在叫人不知所措，我自問就無法辦到。但祢是位胸有成竹的神，因祢能以神蹟成就一切。願祢的恩典在我們身上行奇事，使我們被重新喚醒，不單可以彼此復和，甚至能夠與自己重歸於好。阿們。

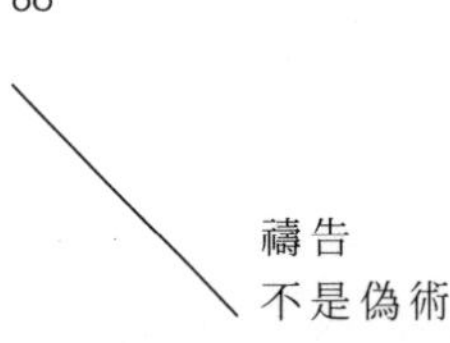

65. 我們難道不能只是「稍微地不受歡迎」？

Can't We Just Be " Mildly Disliked " ?

滿有公義大能的主，我們經常祈求祢覆庇我們、保守我們；雖則我們未必清楚有甚麼在威脅我們的安危。畢竟，像我們這樣討人歡喜的一羣人，我們很難會記得，作為祢的子民，注定會有人與我們為敵。祢在聖經裏甚至提示，我們將會被恨惡。我們不得不說，這樣會否太極端？難道我們不能只是「稍微地不受歡迎」嗎？否則，我們就必須祈求來自祢的敏鋭眼光，能夠公正地看待事物，分辨出我們的敵人，並以聖靈的裝備應對他們。親愛的主，請賜我們勇氣去擔當這項任務；請用祢的翅膀護庇我們，就像路德對待他所愛的雛鳥一樣。* 阿們。

譯註：

*這裏提到「路德鍾愛的小雞」（Luther's beloved chicken），應該是指馬丁路德（Martin Luther, 1483～1546），但為甚麼是「小雞」？相傳路德是個饞嘴的人，是否特別嗜好吃雞？但明顯地，侯氏是採用了俏皮的雙關語，上帝的「羽翼」令人想到路德是「母雞」、信徒是「小雞」的牧養關係。另參馬太福音二十三章37節和路加福音十三章34節下：「我多次願意聚集你的兒女，好像母雞把小雞聚集在翅膀底下，只是你們不願意。」

66. 感謝祢令我們懂得感恩*

Thank You for Making Us Thankful

主啊，我們感謝祢，感謝祢令我們懂得感恩。我們感謝祢所賜一切的生命；感謝祢對被造世界的熱愛，使我們同樣分享到生命的活力、對生命的熱誠；感謝祢賜予友情，讓我們從中發現自己；感謝祢讓我們感受到愛慾，叫我們不忘記自己有身體；感謝祢賜基督的身體，也就是教會，令我們的肉身存在得以擴闊，超越個人；感謝祢設立主餐——就是我們對祢最大的感恩祭——使我們在祢的救贖裏有分。我們為著這一切感謝祢。阿們。

譯註：

*此標題的意思，除了是「令我們有曉得感恩的能力」，還有另外一層意義：我們的生命充滿了值得感恩的事物，所以不得不由衷地向上主發出讚美之聲。

67. 當神學不過是噪音

When Theology Is Noise

太初的時候，道創造了天地。祢開口，我們就被造成了；祢賜我們生命氣息、賜我們禱告的權柄、賜我們思考的能力。雖則我們的心思意念有時紊亂，但仍然求祢將我們所思所想的，當為我們的祈禱去悅納，好叫我們能夠尋回祢手所造的世界裏面那份恬靜的愛、那勝過千言萬語的靜默。我們經常用祢的話語製造噪音，去迴避我們自己生命的根本，我們且稱此噪音為神學。* 求祢使我們學會謙卑，即使我們愚昧到妄圖去思想祢，甚至明白祢的思想，但我們仍然求祢，讓我們所做的，能夠成為彼此的服事，能夠造就祢的教會，能夠建立祢的國度。求祢教我們如何禱告，好使我們能夠向祢開口言語。阿們。

譯註：

* 參26篇。

68. 上帝向世界開的玩笑

God's Joke on the World

風趣幽默的主，我們是如此喜愛祢所賜的、在此世的生命。當然，我們會疲倦、會發悶、會被身邊的蠢人蠢事折磨得筋疲力盡。不過，有時那些蠢人又會做出一些事、講出一些話，令人始料不及、忍俊不禁，但卻頗有洞見。我們討厭這種令我們哭笑不得的處境。但感謝主，祢賜給我們他者的同在，令我們無法將生命安排得井井有條。所謂秩序，根本是很悶蛋的一回事，而祢定意要我們看見祢國度的詼諧。我指的是，主啊，祢竟然揀選那羣猶太人！祢做事就是如此莫名其妙，祢執意要世人通過這個令人啼笑皆非的民族去認識祢。如今，祢同樣用我們這羣人向世界開一個大玩笑。* 祢讓我們成為祢的笑柄。縱然如此，請讓我們不忘歡笑；而世界也許可以被我們的笑聲吸引，並知道祢與世界的同在不是一件悶蛋的事，甚至因而願意放棄對別人的恐懼，也就斬斷一切暴力的源頭。行事幽默的主，我們愛煞祢所賜的這種生命！阿們。

譯註：
* 參 34 篇。

69. 感謝祢令我們飢餓

Thank You for Making Us Hungry

課程進入關於「被主餐模造」部分，以此祈禱為開始。

節慶的天父，祢將我們造成是會經歷飢餓的生物，我們必須靠食物而存活。飲食不但成為一種滿足需要的習慣，更隱晦奧妙地提醒我們，我們畢竟是受造之物。但更奇妙的是，祢賜下祢的愛子，成為筵席上的主人，就是為了歡慶祢和平國度的榮耀而設的盛宴。這一餐我們吃喝祢的苦；這一餐也賜我們無盡的喜樂。祢藉這餅、這杯，使我們成為祢故事的一部分。*願我們按祢的旨意領受這餅和杯，好叫我們成為祢不息的活祭，是為所有被造之物而獻的。感謝祢令我們飢餓；願我們在吃喝中得著和平。阿們。

譯註：

*上帝讓教會在祂自己的故事裏面，扮演一個重要的角色，並藉此故事模塑教會（you story us）。這個侯氏一貫的說法，是其神學的精髓，參9篇、55篇。禱文在此固然特指主餐的功用，但也不排除日用的飲食；所以，接續的兩句，他不忘求上帝讓我們日常生活中的飲食，同樣有超越滿足自己以外的價值和意義（give our eating purpose）。我們在吃喝中，自己經歷和平，也帶出和平（eat in peace）；換言之，人不需要再為果腹而憂慮，為爭奪食物而殘害他人；可與4篇比較。

70. 信徒生命是上帝國度的拼圖

Living Puzzles and the Kingdom of God

當受一切讚美的主，耶穌基督的天父上帝，祢的靈將教會呼召出來，使我們成為彼此的肢體。我們竟然就是祢的身體，這是莫大的奧祕。為此我們讚美祢，因為不然的話，我們就變得孤獨，注定要孤獨地在世上活著，最後孤獨地離開世界。但祢為我們預備了各式各樣、高矮肥瘦的同伴。我們其實完全算不上配搭整齊，但我們祈求，由我們的生命東拼西湊出來的圖畫，* 能夠討祢的喜悅，讓祢稱心滿意，以致最後我們這羣人拼合起來，就成為祢的國度。求祢幫助我們按照祢愛子復活的亮光，活出對天國的信心，以致當該講的都講了，該做的也做了，有人會說：「這羣人真是奇形怪狀，不過，你看他們是如何彼此相愛。」阿們。

譯註：

* 此句所用的比喻："puzzles of our lives"一語雙關：每個信徒的生命都是一塊拼圖，加起來就是天國的圖像；但另外還有一層意思，就是每個人的生命本身也是一堆謎團。

71. 給我們一顆追求真理的熱心

Create in Us a Passion for Truth

真神之神，請祢在我們裏面放置一顆追求真理的熱心。讓我們朝思暮想、懇切尋覓、品嘗、觸摸祢的真理，讓我們安睡在祢愛的青草地上。* 請讓我們成為敬畏上帝的人，這樣我們就能夠擺脱對真理的恐懼。願我們厭惡所有的試探，拒絕那最大的謊言，就是妥協，將半真半假的信以為真。求祢造就我們，使我們能夠説坦率樸實的言語、滿懷感恩的言語、體貼關愛的言語，如此我們就能夠向對方説真誠的話、能夠在真理裏面彼此相愛。願我們以誠實為榮，如此我們就被人視為配得尊重的人、可以信賴的人。主啊，我們期盼有朝一日學會信任別人；我們已經厭倦、不耐煩自己憤世嫉俗的做人態度。所以，親愛的主，我們祈求祢使我們成為祢忠誠可靠、能説真話的僕人，好叫我們能夠向彼此説、向別人説：「請你放心信任我。」阿們。

譯註：
* 或譯：在祢愛的草地上放鬆，盡情翻滾嬉戲（roll in the grass of your love）。

72. 請不要奪走我的憤怒

Do Not Rob Me of Anger

親愛的主，我內心充滿由於失望挫折而生的憤怒。我承認，我不知道自己的怒氣是否單單因祢而來。我只知道當我內心充滿盼望，別人卻並不分享、認同我這份盼望，於是我就義憤填膺。求祢除去這種義憤裏面自我膨脹的自義；但是，請不要剝奪我發怒的機會，因為這同時是一種力量。請祢將它變成有用的動力，並幫助我將它傳揚開去。世人常說，我們應該懼怕自己的怒氣。可是，我們知道祢是一位公正的審判者，祢向我們發怒，因為我們並不是為了維護正義而動怒。我們想祢像我們一樣，得過且過、唯唯諾諾，總之要與人為善。但這不是祢一貫的行事作風，祢要求祢的教會忠於所信，甚至懂得在適當的時候發義怒。求祢使我們成為一羣有時也會惡形惡相的人，以致別人看見我們的時候，會說：「這羣人內心被愛充滿，流溢出來就成為義憤」。*阿們。

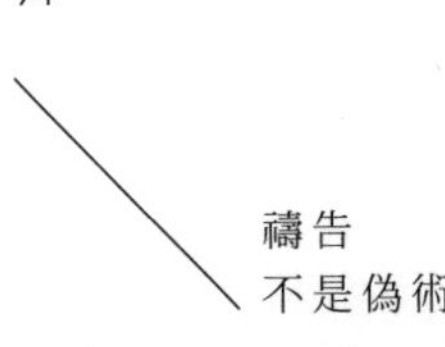

譯註：

*侯氏所講的當然不是一般的憤怒，而是因為公義未能申張、無辜的人受苦待、真相被蒙蔽而發的憤慨（indignation）。至於隨之而來應有何踐行，則是倫理辨識的功夫。這不一定是說，社會上的公義未能申張，基督徒就必須替天行道，撥亂反正；原因是，基督徒也未必知道何謂公義，也未必有辦法以和平、非暴力、公義的手段達致和平公義。

73. 颶風過後

In the Aftermath of a Hurricane

颶風 Fran 在一九九六年九月六日襲擊北卡羅萊納州。我們校園所在之地飽受蹂躪，一般來說，風暴甚少波及如此內陸的區域。這篇和下一篇禱文，都是為颶風過後復課而作。

上帝啊，我們就像約伯一樣，好想對祢說，我們受夠了！一場颶風為甚麼有猶如巨獸的破壞力？我們可以怎樣求告祢？在颶風之中，有祢的作為嗎？我們不願意面對真相，懼怕知道這一切真的是祢的作為。我們想保護祢；我們想繼續相信，祢和祢手所造的世界是和藹可親的。當然，這樣就會將被造世界從祢手上奪去；這個颶風就會變成純粹是「大自然」的一部分；可是，這個所謂的「大自然」，就不再是祢的創造。* 我們夠膽相信基督能夠平靜風浪嗎？我們希望世界井井有條，一切都在預測之內，沒有不能控制的紊亂混沌。所以，如果這場颶風真是祢的作為，請祢快快帶它走開吧！

我們向祢懺悔，我們已經喪失在祢手所造的世界之中看見祢的能力。我們祈求祢安慰那些身心受傷的、驚魂未定的、痛失家園的、哀傷絕望的。但假如颶風不是祢的作為，祢又怎能答應我們這些禱告？我們承認，真的不知道該如何整理出一個說法。我們一方面期望祢醫治我們的創傷，但另一方面，我們其實並不真心相信祢能夠這樣做。我們願意相信，是祢令我們能夠彼此扶持幫助，但如此一來，我們就不知道，自己還需要祢幫助甚麼。求祢幫助我們懂得向祢求助。阿們。

譯註：

*必須指出的是，颶風不是人為造成的所謂「極端天氣」；這種說法，將「大自然」的秩序，當成一部人類隨時能夠任意搞壞（甚至破壞之後，我們懂得修理復原）的機器，而不是靠上帝持續護佑的「創造」（Nature is not Creation）。根據基督教信仰，自從人類墮落之後，萬物被牽連，成為被罪者，飽受苦難，人和大自然不能夠再和睦共處；人剝削自然、征服自然，大自然又不斷反抗、不受人的主宰、不以人的意志而轉移。侯氏的邏輯或許難明，不過，他只是要指出：如果三一上帝是一位施恩典，掌管被造世界的主，那麼被造世界發生的一切災害，都不可能與這位造物主無關。禍福皆來自上帝。所以他在禱文裏不住求問上帝：「颶風中是否有祢／祢是否在其中？」（Are you in a hurricane?）侯氏沒有提供一個正面、簡單的答案，但他肯定不會說沒有上帝在其中；上帝不是一位在災難中忽然缺席，而只在事後出來收拾殘局的神，否則，祂就變成一位只懂賜福的神。將此篇與下篇同讀，將有助我們理解，人自己所犯的罪，不但牽連其餘的受造物，更牽連基督；而基督的救恩，就是上帝對我們的罪的回應。

74. 經歷傷痛的鄰舍

Neighbors in Pain

也是在颶風 Fran 過後。

主啊，求祢使我們像約伯一樣謙卑。幫助我們，當直面祢創造的奇偉，惟有心生敬畏、肅然無語。幫助我們明白，祢手所造的世界是如何桀敖不馴，然而它的野性既令人戰慄，卻又有它獨特的美。幫助我們在這種驚恐和美麗之中見到祢，因為我們終於明白自己所犯的罪，在祢生命裏面所造成的極大痛苦。這種痛苦，我們曾經在祢愛子的十架上瞥見過。我們更知道他的痛苦仍然繼續，為的是叫我們不因自己的不信而被棄絕。求祢幫助我們，讓我們能像基督一樣為彼此承擔痛苦；如此，我們就能勝過自己在罪惡過犯之中，那種將我們牢牢圍困的孤獨。求祢釋放我們，讓我們成為彼此的鄰舍。當我們在傷痛中，害怕失去對自己生命的控制權，請祢讓我們發現，自己還有向別人求助的能力，因此我們就有能力向人伸出援手。我們知道，一切快將回復正常秩序，而我們會繼續若無其事地如常生活，不再需要其他人的幫助。但請祢在我們的記憶中刻下烙印，讓我們記得：曾幾何時，我們發現我們並不屬於自己，我們並不單靠自己而活。或許這樣，我們的生命就能更完全。阿們。

75. 記憶與傷痛

Memory and Pain

被釘十架的主，祢的被造世界充滿傷痛。我們的生命充滿傷痛。但我們總要在人前人後表現得開心，若無其事地生活。畢竟我們知道，無人喜歡被仍在傷痛中的人包圍；所以，我們甚至不能同自己安然共處。我們拒絕去記得，因為記憶本身其實就是另一種痛苦，而且是一種晦暗鬱悶、毫無意義的，只會令我們變得麻木的痛苦。* 但祢定意我們要成為一羣感情豐富的人，被聖靈充滿、被記憶佔據。我們害怕，假如我們記得過去的傷痛，那種痛苦就會復臨，扼殺我們的當下。求祢賜我們勇氣 —— 換言之，就是身邊的朋友 —— 他們會幫助我們直面自己生命中、鄰舍生命中的怖慄。如此，我們就能夠成為祢滿有喜樂的子民。阿們。

譯註：
* 參 78 篇。

76. 救我們脫離美式霸權

Save Us from Our American Power

因為據稱伊拉克意圖在老布殊出訪科威特期間行刺他，美國就向伊拉克發射導彈，之後我寫了這篇禱文。克林頓總統為了證明自己「不是開玩笑的」，於是就去轟炸別人。

恩慈的主，我們發現自己生活於世上最強大的國家。因為擁有這種權力而衍生的驕傲和自義，無可比擬。沒有其他地上的權勢，足以教我們謙卑。我們以君臨天下的姿態俯瞰萬民。我們說要轟炸誰就轟炸誰，動用火箭襲擊他們，殺盡那些我們稱為恐怖分子的人 —— 只因我們有這樣的能力，於是就去做。我們是世界上最強而有力的民族，很難不陷入權力的引誘，因為權力使人迷醉。求祢救我們脫離這種試探，叫我們清醒過來，知道祢會審判這個國家，祢會挫敗這個國家，叫她謙卑下來，祢甚至會因為我們的傲慢自大而毀滅這個國家。請祢提醒我們，祢是上帝，只有祢有權申冤報應。假如這是祢的旨意，請祢用那些被我們轟炸的人，作為祢審判我們的工具。最少，請祢救我們脫離「若無其事地去殺人的慣性」。阿們。

77. 被忽略的主恩

Neglected Gifts

秋山染紅葉，陌客現歡容，貓咪悠然玩，友儕通有無——為這些數之不盡的動人美景，我們感謝祢、讚美祢，厚賜百物的主。但是，請幫助我們記住，祢藉耶穌基督創造我們，是要我們成為祢感恩的活祭，是為這個世界而獻上的，雖則這個世界拒絕承認自己其實是來自上帝的禮物。讓我們不懈地直奔祢新世代的筵席，在那裏，我們有充足的時間和機會，去享受祢供應的喜樂，並享受成為祢的喜樂。阿們。

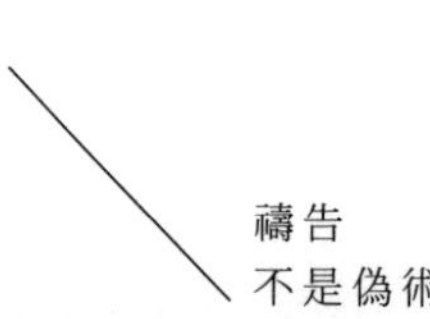

78. 我們就是對世界的記念

Make Us the Memory of Your World

掌管時間的主，如果可以的話，我們一定會選擇忘記祢。我們厭惡記憶。* 回望一生，我們往往只見到自己的渺小，我們渴望迫使別人認同自己，而我們的過犯也顯得瑣碎而不足為奇。但是當我們意圖忘記祢，我們就忘記自己，我們便誰也不是，無家可歸。但感謝主，祢定意要我們在祢安排的時間裏生活，讓我們能夠記得自己的過犯，哪怕這些過犯都已經被赦免；祢賜我們認罪懺悔的福分，使我們與自己的過去復和，使我們與自己復和。求祢保守我們的記憶，因為只要當我們還有記憶，我們就為祢記念世界。阿們。

譯註：
* 參75篇。

79. 既遠還近、若即若離的上帝

The Too-Different, Too-Near God

令人敬畏的主，假如我們盼望祢平易近人一點的話，請祢原諒我們。我們知道祢不是有心嚇怕我們，但是距離和差異總教我們不安。正如我們喜歡大峽谷，不過卻不想走得太近懸崖邊。請祢來就近我們，但祢出現的時候，最好不要大鑼大鼓、太過惹人注目。我們日常生活裏面，已經要應付太多充滿戲劇性的大小情節。所以，我們害怕祢每天以釘身十架的形象闖入我們的生命。在祢十架的奧祕面前，我們啞口無言，既被它吸引，又望而生畏。始料不及的是，我們竟然就在祢最接近我們的時候，才看到祢與我們之間那可怖的距離。阿們。

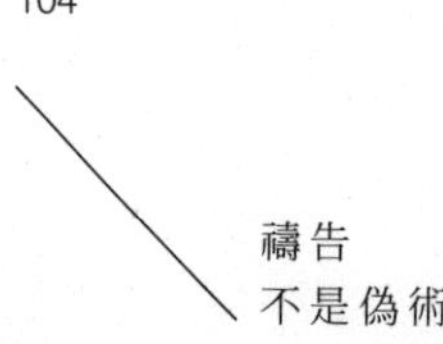

第三部

結束

80. 敬畏上帝，多於懼怕死亡

Fearing God More Than Death

Margaret 是杜克大學的舊生，她的丈夫因長期疾患剛去世。

生命的主，死亡使我們生畏。我們知道自己終有一死，但我們已經學懂不把這個無法迴避的命運當一回事。畢竟，我們大部分人都尚算年輕，未至於要面對自己的死亡。死亡彷彿只會發生在老年人身上，不關我們的事，所以我們注定要活在幻想自己長青不老的假象中。但死亡總會不時鬼鬼祟祟地奪走一些年輕的生命，我們很討厭這種事情的發生。於是我們嘗試視而不見，我們逃避與瀕臨死亡的人共處，也忌諱那些照顧垂死之人的人。所以我們求祢，在 Margaret 今天就要安葬她的丈夫之際，一如既往地與她同在，安慰她、保守她。求祢繼續加添她的勇氣，也就是那份支撐她和她丈夫度過病困的勇氣。願這份勇氣也長居我心，叫我們懂得敬畏祢，多於害怕自己的死亡，致使我們能夠與他人同行。阿們。

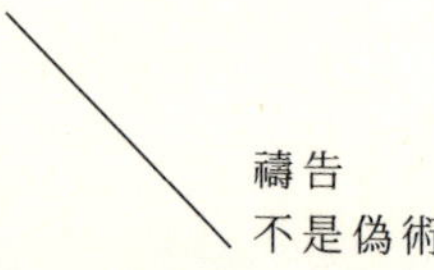

81. 眈視死亡的國度

Facing Down the Kingdom of Death

掌管生死的主，我們在地上假裝自己不會死地活著；因此，我們雖然活著，卻雖生猶死。求祢救我們脫離這種不知有死的生活，將我們嫁接到祢的生命樹上。作為祢永恆生命國度的子民，我們將這些剛剛離世的人託付給祢，他們是 Brian、Catherine 和 Stuart。我們盼望在聖徒相通之中，與這些同伴繼續團契，並且祈求他們支撐我們，叫我們面對死亡的國度也不退縮。阿們。

82. 為我們的陳腔濫調注入生命

Enliven Our Clichés

McClintock Fulkerson 教授是我在神學院的同事，她的母親在一九九七年突然離世。

親愛的主，死亡驟來驟去，降臨到那些我們認識和不認識的人身上。這事實足以叫人清醒過來。Mary McClintock Fulkerson 的母親就是其中一位剛剛去世的人。幫助我們與 Mary 以及她的家人同在，分擔他們喪親的哀傷。求祢讓我們成為祢與她的同在，以致我們在這種場合所經常說的「我為得悉妳的母親去世而難過」，不是一句循例的客套話。始終，我們是受浸成為祢的子民的，當我們的摯愛離世，請讓我們銘記自己的浸禮。* 阿們。

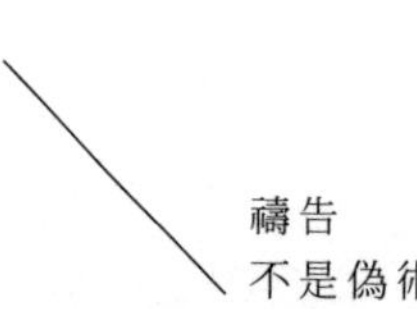

譯註：

*浸禮和死亡，當然有明顯的關係。因我們與基督同死，就與基督同復活；我們不再害怕死亡。現世肉身的死亡，也不再是生命的終結。記憶起浸禮的經歷和含意，就是記憶起復活的應許和盼望。參1篇、2篇、90篇。

83. 屬肉體的主*

Fleshly God …

屬肉體的主，祢以肉身存在呈現在我們眼前，令我們無法控制祢。我們為自己在世的軀殼而感恩，雖然這副肉身是注定要死亡的。祢就是通過我們的身體，讓我們重得生命。求祢讓我們成為祢復活的身體；如此，世界就認識祢的靈。阿們。

譯註：

*這篇禱文再次挑戰基督徒的二元論，可與45篇比較。侯氏採用「屬肉體」此措詞，好像有違聖經傳統；雖則這樣或會矯枉過正，但可能有助我們承認人的存在，是必具肉身的，並開始欣賞肉身的特質。例如，身體的物質性意味著頑固性（recalcitrance），不會輕易被人的意志隨意支配控制。因此，我們也必須認真正視，教會作為被聖靈充滿的羣體，她之所以是復活的基督在世的體現（embodiment），其神學和倫理意義何在。

84. 跟隨恩典的節拍而跳動的心靈

A Heart That Beat to the Rhythms of Grace

Frederick Herzog 教授多年來在杜克神學院教授系統神學。他生前一直致力為窮人發聲，是老師之中最早認真看待解放神學的人。一九九五年十月九日，他在教務會議上猝死。

親愛的主耶穌，我們被教導，要以祢的心為我們各人內在的生命。所以我們求祢繼續看顧祢的僕人 Fred Herzog，他擁有一顆偉大而善良的心。我們需要有這種善良，否則我們就會死。他善良的內心一直澎湃地跳動，對此我們深信不疑，因為他的心靈，總是跟隨恩典的節拍而跳動。相信他對死亡已經有足夠的心理預備，而我們現在也應該放手，將他送到祢的懷抱。求祢安撫我們的內心，使他的一生，繼續成為潤澤我們所有人的香膏。阿們。

85. 兩位生命力堅韌的聖徒

Two Tough Saints

德蘭修女逝世當天。*

使我們成聖的主，祢差派祢的聖徒來到我們當中，我們稱謝祢。他們都是一些突兀而不好惹的人，叫我們不能安安樂樂地生活。我們寧願他們是那種不食人間煙火、頭頂光環的聖人，被放在神壇上，受人景仰；總之，他們跟我們愈不相同愈好，最好是一望而知非同凡俗、遺世獨立的異人。但偏偏，他們不肯與我們相安無事，他們總不放過我們。他們如此說：「你們不可殺人，尤其在戰爭之中」、「你們不可墮胎」、「因為憐憫的緣故，你們不可遺棄貧病老弱」。多樂茜．戴如此說，德蘭修女也如是說。主啊，這些姊妹的生命像鞣過的生牛皮一樣堅韌，看上去或者不甚吸引。但我相信，祢要揀選誰，不由得我們話事。所以，我們祈求祢悅納這些不可思議的姊妹，她們現在已經同享窮人得溫飽穿暖的那種團契。感謝祢讓我們瞥見了天堂、預嘗了天堂。阿們。

譯註：

*即一九九七年九月五日。標題所指的另外一位聖徒多樂茜．戴（Dorothy Day，1897～1980）是美國著名的天主教勞工運動先驅者，其立場傾向基督徒無政府主義，因踐行非暴力直接行動而屢次被捕。對其生平和見證的倫理討論，見麥乾頓：《麥乾頓系統神學（卷一）：倫理學》，陳永財譯（香港：浸信會，2012），頁293～315。

86. 為盧雲之死而作

On the Death of Henri Nouwen

盧雲是一位天主教神父，是滿有超凡能力的屬靈導師和作家。他是 Daybreak 的牧者，那是 L'Arche 在多倫多的事工，專門照顧精神殘障者。他於一九九六年辭世。*

掌管生死的主，我們為著盧雲神父的生命、事奉、見證而感謝祢。他的一生以言語構成，他也用言語服事，但他一直嚮往靜默。如今，祢用祢那勝過千言萬語的沉默去擁抱他，差派他成為天上聖徒歌詠團的成員。我們為他在 Daybreak 的舊友祈禱，他們定必因他的離開而遺留的沉默，感到若有所失。願他們在彼此的臉上，看到祢不離不棄的同在，並且在這相視照面當中，為著這個非凡的人的一生而歡喜快樂。因為他甘心樂意將自己的生命敞開，我們就能夠為祢所賜的生命欣喜歡慶。阿們。

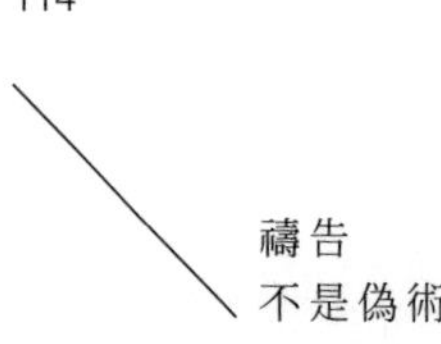

譯註：

*盧雲（Henri J. M. Nouwen，1932～96），一九八六年加入國際羣體 L'Arche 在加拿大的事工。L'Arche 的神學理念建基於將溫柔和軟弱，作為一種生活方式踐行出來，其創辦人范尼雲（Jean Vanier，1928～）與侯活士合著有：《暴力世界中的溫柔——軟弱羣體的先知見證》，陳永財譯（香港：基道，2012）。

87. 為處境倫理家的最終處境而祈禱

A Prayer for the Situation Ethicist in the Ultimate Situation

一九六六年 Joseph Fletcher 完成 *Situation Ethics* 一書，那是我經常批評的書。他頗為長壽，享年近九十歲，著作甚豐，也一直是我批評的對象。他於一九九一年辭世。*

主宰生死的主，我們將 Joseph Fletcher 這位奇特的僕人交託給祢。他提醒我們，基督徒若沒有愛，就算不得甚麼。他挑戰我們的律法主義和自義。如今，他到了自己的「最終處境」，願他成為天上聖徒的一員，加入他們的行列，唱頌讚美祢，沒有其他事工比這個更美好。求祢與我們同在，因為我們在地上所唱的，都未臻完美，最少求祢幫助我們不要唱得完全荒腔走調。阿們。

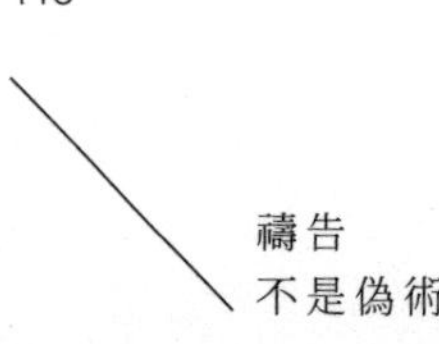

譯註：

* Joseph Fletcher（1905～91）在一九六〇年代所創立的「處境倫理」（situational ethics）理論，曾經盛極一時；他後來亦成為「醫學倫理學」（medical ethics）的始創者之一。侯氏對這兩個研究領域的批判皆不遺餘力。在此，他向他的「對手」作最後的致敬，既展現風度，但仍不失幽默挖苦的本色。同時，可見侯氏對「聖徒」的定義，是指那些幫助我們成為更好的基督徒的主內，包括那些我們反對的人、那些我們認為錯誤的人，而不是只有那些我們認同、仰慕的人。

88. 為一隻貓的離世而作

On the Death of a Cat

Tuck 是一隻暹羅貓，在世二十年。我非常喜愛牠，但我太太 Paula 跟牠更有著一種「特殊深厚」的關係。牠在生命的最後一年，飽受輸液過程的煎熬，但牠都安然忍耐。牠於一九九六年十月十七日離世。

慈悲的主，祢成為我們的一分子，向我們揭示了，祢是如何鍥而不捨地渴望我們愛祢。正因為我們是為了愛祢而被創造，祢就同時給我們能力去愛祢的被造世界，並且我們能通過這種愛、這種對萬物的渴求，學習愛祢。我們相信，我們每一份愛，都是祢所賜的。Tuck 對我們的愛，以及我們對牠的愛，就像一座燈塔，指向祢對祢所造萬物的愛，而我們和 Tuck 之間的愛，也同時參與在祢這份愛裏面。為著這隻小貓奇妙的生命，我們感謝祢，我們歌頌讚美祢。牠的鎮靜自若、高貴尊嚴，牠的勇氣、幽默、需要、耐性，牠總是陪伴著我們左右，這些都令我們成為更好的人，讓我們彼此更加相愛，讓我們更懂得愛祢。我們將會懷念牠。求祢幫助我們不要害怕去記住牠，因為我們相信，這種記憶帶來的傷感同時被喜樂所包圍，就是 Tuck 曾經存在而帶給我們的快樂。牠和我們一樣，是祢榮耀的創造的一部分，是祢和平國度的先驅。阿們。

89. 我們的鄰舍所經歷的恐怖

The Terror in Our Neighbors' Lives

為一個神學生的自殺而作。

親愛的主，我們不願意知道在我們鄰舍的生命中經歷的恐怖，我們甚至不願意知道自己生命中經歷的恐怖。當我們生活得猶如自己一無所懼，我們其實就已經向恐懼投降。請祢用祢的愛克服我們的恐懼，如此我們就能夠向別人伸出援手，不用害怕自己、別人，或者祢。我們為著那些奪去自己性命的人，求祢向他們大施慈愛。他們所經歷的恐懼，我們都不能理解，因此我們恐怕他們死的時候，乃是孤絕無依。他們現在都在祢懷裏，這是我們惟一的安慰。求祢安慰那些愛他們的人，那些仍懷念他們的人。我們自感無助，但祈禱就是我們的幫助。感謝祢賜我們祈禱這份禮物。阿們。

90. 幫助我們將生命當成禮物而活

Help Us Name Our Lives as Gifts

主宰生死的主，幫助我們在祢裏面找到自己的生命，好叫我們不再懼怕自己的死亡。隨著祢愛子的死，死亡對我們而言已經失去效力，因為我們將會像他一樣從死裏復活，進入因祢的愛而成為完全的生命。*幫助我們將自己的生命視為祢的禮物，如此我們就不會因著妒嫉而嘗試使用脅迫和暴力，以保證別人對我們的尊重和景仰——只因我們害怕，沒有別人對我們的肯定，我們就猶如不曾存在，我們就形同已死。這種生活根本毫無喜樂可言，但我們知道，我們是為了承受喜樂和生命而被造。所以，請讓我們學習如何將生命當成一份禮物而活，叫別人也因為我們的存在而歡樂。阿們。

譯註：

*參82篇。

91. 令人喜出望外的盼望

Surprised by Hope

我為感謝一班擔任助教的研究生而作的禱告。他們負責帶導修研討會、批改習作和考試。因為他們每年都有變動，所以難以全部逐一點名致謝。能夠獲得如此出色能幹和細緻用心的人協助，我是一個極為幸運的人。他們令我成為一位更好的老師，若不是他們，這一切都不可能。

滿有恩慈的主，只有祢有能力將絕望變成盼望。感謝祢賜給我們一班滿有盼望的人，我們與他們不期而遇，但無論如何，他們就在這裏出現。當我思想祢國度的豐盛，我自覺不配被稱為祢的僕人，但祢差派了許多像 Kathy、John、Mike、David、Kelly、Laura、Gail、Chris 這樣的人來到這裏，他們使我、使我們大家都比我所能期望的更出色。我從來都不確定自己是否相信或者明白我所能思想的，更不知道我能否做一位老師。但事情就是如此發生了，為此我心存感激和謙卑。感謝主，這個學期快將完結；但願它，全憑祢的恩典，不會就此完結。阿們。

92. 比我們的暴力更實在的真理

Truth Deeper Than Our Violence

主宰時空的主，這個課程終於完結，我們感謝祢所賜的時間和空間，讓我們可以一路同行。對於祢來說，所有的終結都是新的開始。求祢為我們預備更多這樣的時間，多過我們所能想像的。正如祢讓我們的過去超過我們所想所求、讓我們的未來充滿驚喜，於是我們此刻無比喜樂。但願這種喜樂讓人看到，世界的絕望不是惟一的真實；如此，世人就知道祢的真理，比我們的暴力更真實。阿們。

93. 我們能夠認識祢，只因祢先認識我們*

We Know Only As We Are Known

所有生命的維護者，求祢讓聖靈的喜樂充滿我們的生命。我們能夠認識祢，只因祢先認識我們。請用我們對祢的認識來照亮我們的生命，如此我們就能夠發現自己所謂的終結，其實是開始。每當我們的生命自我封閉的時候，求祢猛力摔破它，叫我們不再懼怕受苦，並且教我們知道，只有通過苦難，我們才能成為祢的使者。求祢催迫我們、釋放我們，使我們流露出與祢相交、彼此相交的那份喜樂。阿們。

譯註：

*此標題可能是呼應帕爾默（Parker J. Palmer，1939～）的著作 *To Know as We are Known: A Spirituality of Education*（San Francisco: Harper & Row, 1983），以此作為神學院內一個課程的總結，是最合適不過的。另參哥林多前書十三章 12 節下：「我如今所知道的有限，到那時就全知道，如同主知道我一樣。」（Now I know only in part; then I will know fully, even as I have been fully known.）